C.H.BECK WISSEN

in der Beck'schen Reihe

Klaus Berger beschreibt in diesem Buch das Leben des Apostels Paulus, seinen Lebens- und Arbeitsstil, seine Mitarbeiter und die Adressaten seiner Briefe. Er rekonstruiert die Situationen und Gefahren, in denen Paulus seine Briefe geschrieben und theologische Lösungen erdacht hat, die das Christentum bis heute prägen. Durch diese enge Verknüpfung von Biographie und Theologie gelingt ihm ein ungewöhnlich plastisches Bild des bedeutendsten Apostels.

Klaus Berger, Professor für Neutestamentliche Theologie an der Universität Heidelberg, gehört zu den renommiertesten deutschen Neutestamentlern. Zu seinen bekanntesten Veröffentlichungen gehören «Qumran» (1998), «Hermeneutik des Neuen Testaments» (1999), «Theologiegeschichte des Urchristentums» ([2]1995), «Wer war Jesus wirklich?» (1999) sowie eine Neuübersetzung des Neuen Testaments (zusammen mit Christiane Nord, 1999).

Klaus Berger

PAULUS

Verlag C. H. Beck

Die erste Auflage dieses Buches erschien 2002.

2., durchgesehene Auflage. 2005

Originalausgabe

Satz: Fotosatz Amann, Aichstetten
Druck und Bindung: Druckerei C. H. Beck, Nördlingen
Umschlagbild: Der Apostel Paulus.
Ausschnitt aus dem Grabstein des Knaben Asellus
mit Darstellung der Apostel Petrus und Paulus. Marmor.
Nach 313. Rom, Vatikanische Museen. Foto: AKG, Berlin
Umschlagentwurf: Uwe Göbel, München
Printed in Germany
ISBN 3 406 47997 9

www.beck.de

Inhalt

Einleitung 7

I. Das Leben des Apostels 12

Die Biographie des heiligen Paulus 12
Der Lebens- und Arbeitsstil 18
Die Mitarbeiter 26
Die Adressaten der Briefe 27

II. Berufung 31

Der Apostelдienst als Mitte paulinischen Denkens 31
Der lebenslange Pharisäer 32
Was Paulus liebte 34
Paulus, der Außenseiter 37
Wie man Christ wird 43
Akzeptiert von Gott in seine Familie hinein 47
Berufen in den Bund 50
Begabt mit Charismen 54
Theologie des Kreuzes 58
Theologie der Auferstehung 61
Inkarnation und Interzession 65
Für die Sünden gestorben 67
Der Heilige Geist 71
Sakramente 73
Die Spiritualität 79
Korinthische Theologie 81
Theologie des Judentums 84

III. Gefahr 90

Gefährdung durch Gegner 90
Gefährdung durch egozentrische Süchte 93
Zweifel 95

Rückfall ins Judentum 98
Gefährdung durch Leiden 100
Gefährdete Heiligkeit 101
Bedrohte Kirche und Gemeinde 102
Die Verfehlungen der Christen 106
Starke und Schwache 109
Gefährdete Ordnung 111
Die Versuchung zu richten 115
Die Versuchung, sein Prestige auf Sand zu bauen 119
Irritation durch Ausbleiben der Parusie? 121

IV. Schluß: Stationen der Wirkung 124

Weiterführende Literatur 128
Abkürzungen biblischer Schriften

Einleitung

Seit dreißig Jahren (1972–2002) halte ich regelmäßig Vorlesungen über Paulus, seine Briefe und seine Theologie. Von Anfang an habe ich Paulus als Judenchristen betrachtet, der Jude blieb. Daher war mir klar, daß keine konfessionelle Vereinnahmung ihn erfassen kann. Das mag ein Grund dafür sein, daß Paulus in den letzten fünfundzwanzig Jahren aus dem Zentrum der neutestamentlichen Wissenschaft verschwunden ist. Zahlreiche Kommentare zum Römerbrief und ebenso viele irenische Gesamtdarstellungen sind zu verzeichnen, die freilich niemanden mehr aufregen. Für eine allein auf Verwendbarkeit biblischer Stoffe erpichte Pfarrerschaft gilt Paulus als zu schwierig und kaum vermittelbar, doch das ist für Paulus im Rahmen der Kirchengeschichte nichts Neues. Auch die Edition der Römerbriefvorlesung von Erik Peterson (1997) hat daran nichts geändert. Und inzwischen edierte Texte wie der große Römerbriefkommentar Wilhelms von St. Thierry (12. Jahrhundert) harren der eigentlichen Entdeckung, da dieses bedeutende Werk vorerst nur lateinisch zugänglich ist. Es scheint vielmehr so, daß Karl Barths dogmatischer Kommentar zu diesem Brief 1919 das letzte fächerübergreifend paulinische Ereignis war. Und die Korintherbriefe sowie der liebenswerte Brief an die Philipper befinden sich weiterhin im Dornröschenschlaf. Für den Philipperbrief ist seit der gelehrten Auslegung von A. G. Hoelemann (Leipzig 1839), die im übrigen wohl wegen ihrer Latinität völlig vergessen ist, nichts Bewegendes mehr erschienen. Unter den Gesamtdarstellungen über Paulus geben die Bücher von Eduard Lohse und Jürgen Becker den Konsens am besten wieder.

Der besondere Aspekt dieses Paulusbuches. – Paulus ist immer nur in Spannungsfeldern greifbar. Es sind die Spannungen zwischen Judentum und griechischer Philosophie, zwischen Apokalyptik und pragmatisch-rationaler Kirchenpolitik, die Paulus selbst auszeichnen. Innerhalb des vergangenen Jahrhunderts lassen sich vier Schwerpunkte ausmachen, von denen aus man Paulus meinte erfassen zu können. Der erste Schwerpunkt war die Rechtfertigungsdoktrin des Galater- und des Römerbriefes – ein Interesse, das sich vor allem der Reformation verdankte. Der zweite Schwerpunkt ist die Auslegung von den Sakramenten der Taufe und des Herrenmahles her in der Religionsgeschichtlichen Schule; ihr erschien die Rechtfertigungslehre nurmehr als ein «Nebenkrater»; der Hauptkrater hieß jetzt Kultmystik und damit Sakramente. Ein dritter Schwerpunkt war die Wiederentdeckung Pauli als eines Juden. Und schließlich beginnt man, wieder einmal die Beziehungen zwischen Paulus und der zeitgenössischen Philosophie (Stoa, Kynismus) zu entdecken und damit seine grundlegende Offenheit gegenüber der Beschränkung auf den jüdischen Hintergrund zu ermitteln, ja zu fordern. Alles das hat immer genaue kirchengeschichtliche Entsprechungen: den Konfessionalismus, die liberale Theologie als Gegenschlag dagegen, die Bemühungen um den jüdisch-christlichen Dialog und die interreligiöse «Szene» der jüngsten Gegenwart.

Der hier gewählte Ausgangspunkt bedeutet demgegenüber: «Theologie ist Biographie». Für wen gälte das mehr als für Paulus, der das meiste, was wir von ihm wissen, in einer Stunde Null des Christentums zum erstenmal erlebt und erdacht hat, in einer einsamen und schwierigen Existenz, schließlich als Märtyrer.

Wir gehen vom 2. Korintherbrief aus (der letzte große Kommentar, der dazu erschien, war der von H. Windisch 1924) und versuchen, die paulinische Auffassung von seiner Berufung und von seinem Beruf als Angelpunkt seiner Theologie zu erkennen. Dieses Vorgehen hat folgende Vorzüge: Der Lebensbezug der paulinischen Aussagen wird klar erkennbar. Die persönliche Biographie und vor allem die Auffassung vom eigenen Stellenwert innerhalb der Erlösung sind die Schnittstellen zwischen kirchenpolitischen Ambitionen und vielen theologischen Lösungen, die Paulus in verschiedenen Situationen neu erdenken mußte. Aussagen, die man früher als überzogenes Selbstbewußtsein oder unverschämtes Selbstwertgefühl Paulus moralisch ankreidete, wie zum Beispiel die häufigen Aufforderungen, Paulus selbst sich zum Vorbild zu nehmen, werden – wenn auch als bleibend fremde Gäste – verstehbar oder wenigstens rekonstruierbar. Da es sich um das Verständnis des Apostolats handelt, wird der Zusammenhang von Christusbotschaft und Kirche erkennbar.

Ein zweites Zentrum wird angedeutet mit dem Stichwort «Gefahr». Damit werden alle Anlässe und Anliegen zusammengefaßt, aus denen heraus Paulus überhaupt seine Briefe schreibt. Dabei wird sich erweisen, daß vieles, was im Laufe der Zeit als Gefahr auftaucht, offene Fragen der anfänglichen Botschaft waren, die eben erst allmählich in all ihren Konsequenzen entfaltet werden mußte. Die Hauptgefahr ergab sich nach Auffassung der älteren Forschung aus dem Problem der Parusieverzögerung, d. h. aus der Tatsache, daß der Herr noch nicht zum Gericht wiedergekommen war. Noch vor wenigen Jahrzehnten machte man dieses Problem zur Mutter der christlichen Theologie und versuchte unter anderem die gesamte auf Jesus bezogene Dogmenbildung, das Phänomen Kirche einschließlich Sakramenten und ebenso die sittlichen «Mißstände» von diesem einen Punkt herzuleiten. Doch nur wenige Texte bei Paulus sind von Naherwartung getragen, und auch wenn der 2. Thessalonicherbrief paulinisch ist, dann geht es dort eben darum, eine als abwegig abgekanzelte Art von Parusieerwartung zu bekämpfen. Dutzende von Kapiteln bei Paulus sind ganz frei von diesem Thema, und der Galaterbrief enthält überhaupt keine Erwartung eines zukünftigen Gerichts oder einer neuen Welt; auch im 2. Korintherbrief ist dieses Thema ganz schwach entwickelt. Hier ist also Vorsicht geboten, und man sollte nicht monokausal alles aus der um 1900 grassierenden Debatte um Eschatologie herleiten. – Nein, die Gefahren sind umfassender und ergeben sich aus meiner Sicht vor allem aus der zur Zeit der Paulusbriefe und weit darüber hinaus nicht zufriedenstellend geklärten theologischen Identität der Christengemeinde im ganzen. Bis heute (und gerade heute) ist dieses Problem aktuell, und auf der Seite des frühchristlichen Amtes entspricht ihm die Frage nach der Legitimität. Da dieses aber eher eine Frage der Berufung ist, ergibt sich das Nebeneinander von «Berufung und Gefahr» in diesem Buch auch als intensiver innerer Bezug zwischen Legitimität und Identität.

Indem wir also von Berufung und Gefahr sprechen, meinen wir zwei Brennpunkte einer Ellipse. Der eine betrifft mehr den Apostel Paulus, der andere mehr die Gemeinden. Doch ist das ganz und gar nicht exklusiv zu verstehen. Diese beiden Brennpunkte kehren thematisch immer wieder in einer Reihe von Denkstrukturen, die sich überall bei Paulus finden:

(1) Unaufgebbare, nicht reduzierbare Spannungen. Dazu gehört die «Freiheit vom Gesetz» neben der bleibenden Geltung des Gesetzes; Befreiung vom Buchstaben meint eben anderes als Freiheit von jeder Ordnung. Ferner: Die Spannung zwischen geschwisterlicher Liebe in den Gemeinden im Kontrast zur allgemeinen Menschenliebe. Dem entspricht die Spannung zwischen Gottes bleibend schmalem Weg der Erwählung (Israel; Gemeinde der Heiligen) und der Zuwendung des Evangeliums zur ganzen Welt.

(2) Das Prinzip des Umwegs: Sünde und Ungehorsam sind in gewisser Hinsicht erwartbare oder sogar notwendige Umwege auf dem Weg zum Heil aller. Die Gabe des Gesetzes an Israel, welches Gesetz «dazwischen hineingekommen ist» (Röm 5,20), erscheint als Umweg und retardierendes Element auf dem Weg Gottes mit der Menschheit. Ähnlich könnte man das Bekenntnis «Jesus ist Gottes Sohn» als einen ärgerlichen, aber notwendigen Umweg auf der Straße ansehen, die zur Gotteskindschaft aller Menschen führt. Alle Leiden des Apostels und der Christen sind Umwege zwischen der in der Taufe zugeeigneten Herrlichkeit und ihrer endgültigen Vollendung. Aus demselben Grund sind apostolische Ermahnungen Umwege auf der Straße, die dazu führt, daß alle Gotteskinder sich vom Heiligen Geist leiten lassen.

(3) Gott führt alles zu seinem Ende, und dieses Ziel heißt Teilhabe an Gottes Herrlichkeit, in der alle Spuren der Herrschaft des Todes beseitigt sind.

(4) Heil wie Unheil haben grundsätzlich gemeinschaftlichen Charakter. Nichts liegt Paulus ferner als religiöser Individualismus; daß man gerade dieses um 1900 anders sah (Adolf von Harnack) und gerade für Paulus einen ausgeprägten religiösen Individualismus annahm, hat bis heute im liberalen Protestantismus, der damals zur Zukunftsreligion erklärt wurde, ein Verständnis des Phänomens Kirche weitgehend blockiert. Beispiele: «Sünde» ist in erster Linie Merkmal einer globalen Situation («sündige Strukturen»). Oder: «Leib» ist nach Paulus das Organ des Kontaktes mit anderen und daher auch Bild für die Gemeinde im ganzen. «Gerechtigkeit» bedeutet nichts anderes, als dem anderen das Miteinander zu ermöglichen. Und verständiges «Sich-Rühmen» bezieht sich nie auf den Menschen selbst, der sich rühmt, sondern immer auf eine andere Größe – so rühmt sich Paulus seiner Gemeinden. Das korporative Netz der Beziehungen ist für den Juden Paulus die erstrangige Wirklichkeit auch in der Religion.

(5) Die Schrift (das Alte Testament) enthält alles Wesentliche, auch das ganze Evangelium.

(6) Wenn Paulus von der erhofften Verwandlung spricht, dann gebraucht er oft eher qualitative Kategorien (wie Kraft und Schwäche) als personale. Ähnlich spricht er von Menschen auch als «Gefäßen». Damit macht er aufmerksam auf Grenzen unseres neuzeitlichen Verständnisses von Person. Die Erneuerung des Verhältnisses zwischen Personen ist für ihn jeweils erst der Anfang.

I. Das Leben des Apostels

Die Biographie des heiligen Paulus

Zu Paulus haben wir folgende Quellen:
Seine echten Briefe (1. Thessanolicherbrief, 1. und 2. Korintherbrief, Römerbrief, Galaterbrief, Philipperbrief, Philemonbrief); umstritten ist der 2. Thessalonicherbrief;
die Briefe engster Schüler und Vertrauter (Kolosserbrief, Epheserbrief, 1. und 2. Timotheusbrief, Titusbrief);
die Apostelgeschichte des «Lukas»;
Paulusakten des 2. Jahrhunderts («Acta Pauli et Theclae») und Paulus-Martyrien («Martyrium des Petrus und Paulus»).
Umstritten ist, ob Paulus in der judenchristlichen Literatur der Pseudo-Clementinen (eine angeblich vom Petrus-Schüler Clemens verfaßte «Missionsgeschichte») in der Figur des Simon Magus bekämpft wird. Ich halte das für eher unwahrscheinlich.

Paulus wurde in Tarsus in Kleinasien geboren. Nach eigenen Angaben stammte er aus dem Stamm Benjamin und wurde dem Gesetz gemäß am achten Tag beschnitten (Phil 3,5). Nach Angaben der Apostelgeschichte wurde er in Jerusalem von dem bekannten Lehrer Gamaliel in der Torah ausgebildet. Er schloß sich der pharisäischen Richtung an und war nach Phil 3,5f observanter Pharisäer.

Die Pharisäer waren eine religiöse Laienbewegung, die neben der Bibel auch die mündliche Überlieferung hochschätzte und zum Beispiel die Auferstehung der Toten annahm – ein Punkt, der jedenfalls aus den fünf Büchern Moses nicht (klar) hervorging. Die Pharisäer erstrebten besondere Heiligkeit, indem sie priesterliche Vorschriften auch auf Laien anwandten. Dieses traf sich insofern mit ihrer Hoffnung auf Auferstehung, als eine engelgleiche Reinheit die Vorbedingung dafür war, nach diesem Leben gemeinsam mit den Engeln vor Gottes Thron stehen und Gott loben zu dürfen. Hier liegt der

Ursprung der christlichen Hoffnung darauf, in den Himmel zu kommen.

Man kann annehmen, daß Paulus auch in Grundzügen der damalign Modephilosophie (der kynisch-stoischen Moralpredigt) und der Rhetorik bewandert war. Vielleicht hat er auch von Johannes dem Täufer gewußt, denn Taufe ist für ihn nichts Fremdes.

Wir wissen nicht, wie Paulus ausgesehen hat. In den Akten des Paulus und der Thekla, die einhundert Jahre nach seinem Tod entstanden, wird sein Aussehen folgendermaßen geschildert: «Ein Mann, klein von Gestalt, mit kahlem Kopf und krummen Beinen in edler Haltung mit zusammengewachsenen Augenbrauen und ein klein wenig hervortretender Nase, voller Freundlichkeit» (§ 3). Wir wissen auch nicht, was seine Krankheit oder seine Behinderung war, auf die er öfter Bezug nimmt (2 Kor 12,7).

Nach der Apostelgeschichte war Paulus schon bei der Steinigung des Stephanus, des ersten christlichen Märtyrers, zugegen (Apg 7,58). Jedenfalls hat er frühe christliche Gemeinden in Palästina heftig verfolgt. Der Grund dafür ist nur mit Mühe zu rekonstruieren. Bekämpfte er die Gruppe der Hellenisten (hellenistische Judenchristen), denen Stephanus zugehörte, wegen deren Ablehnung des Tempels in Jerusalem? Aber es gab auch andere Kreise im aufgeklärten Judentum, die jedenfalls die blutigen Opfer im Tempel ablehnten. Oder attackierte er Christen als falsche Propheten, weil sie vorgaben, Jesus und sie selbst seien vom Heiligen Geist Gottes erfüllt? Für diese Lösung spricht, daß er selbst in seinem wohl frühesten Brief von der Verfolgung von Propheten spricht, und zwar ausdrücklich bezüglich der Gemeinden in Judäa, wo er selbst in eben diesem Sinne gewirkt hatte (1 Thess 2,14f). Dem entspricht auch, daß Stephanus und andere Mitglieder seiner Gruppe von Lukas als «voll des Heiligen Geistes» geschildert werden. Bei den von ihm verfolgten Christen hatte Paulus bestritten, daß sie den Geist Gottes besäßen. Nach seiner Bekehrung dagegen orientierte er sich um so stärker am Heiligen Geist als Begabung aller Christen. Paulus verfolgte die Hellenisten nicht wegen deren Gesetzesfreiheit, denn dafür gibt es keinen Hinweis; Stephanus wirft in seiner Rede den Juden doch gerade vor, daß sie das Gesetz nicht einhalten (Apg 7,53).

Paulus wurde dann – angeblich von jüdischen Autoritäten in Jerusalem – bevollmächtigt, auch auf fremdem Territorium, nämlich in Damaskus, Christen zu bedrängen (Apg 9,1–3). Auf dem Weg nach Damaskus erschien ihm Jesus Christus. Paulus beschreibt das so, daß Gott ihm seinen Sohn geoffenbart habe (Gal 1,16). Das bedeutet: Jesus Christus wurde ihm als lebendig, als auferstanden und als vom Heiligen Geist erfüllt präsentiert. Auch die Gesetzesfrage erörterte Paulus dann auf der Basis, daß den Christen Gottes Heiliger Geist zuteil wurde. Lukas stellt in der Apostelgeschichte diese Vision etwas anders dar, nämlich im Schema der jüdisch-hellenistischen Bekehrungsvisionen mit der Erscheinung von Licht und Stimme (Apg 9.22.26). Jesus fragt ihn dabei tadelnd: Warum verfolgst du mich? – Dabei hatte Paulus doch nach unserem Verständnis nicht Jesus, sondern Christen verfolgt. Aber Lukas zeigt hier ein ihm sonst fremdes, nämlich paulinisches Kirchenverständnis, wonach Jesus sich mit den verfolgten Christen ganz und gar identifiziert. Das entspricht genau dem Selbstverständnis des Paulus von seinen Leiden. Er hat in seiner Bekehrung den Standpunkt seiner früheren Opfer akzeptiert.

An insgesamt vier Stellen geht Paulus auf seine Bekehrungsvision ein: In 1 Kor 9,1; 15,9 spricht er vom Sehen des Herrn, in Gal 1,12–16 von der Offenbarung des Sohnes, und in Phil 3,4–8 spricht er wie ein Konvertit über den Kontrast von vorher und nachher. Alles Frühere hält er für Dreck um Jesu Christi willen. Von den sekundären Paulusbriefen (Kolosser- und Epheserbrief, 1. und 2. Timotheusbrief, Titusbrief, 2. Thessalonicherbrief, die nicht von Paulus selbst stammen, sondern ihm nur zugeschrieben sind) berichtet vor allem 1 Tim 1,12–16 von der Bekehrung des Paulus: Der Verfolger und Lästerer ist durch Gnade zum Glauben gekommen und ein Urbild künftiger Christen.

Nach seiner Bekehrung wirkte Paulus zunächst in der Umgebung von Damaskus und in der Provinz Arabia (Gal 1,15–17). Die Bekehrung fiel wohl in die Zeit zwischen 34 und 36 n. Chr.

Ein bis zwei Jahre später reiste Paulus nach Jerusalem und begegnete dort Petrus (Gal 1,18–20). Nach vierzehn Tagen ging er nach Syrien und Kilikien (Türkei). Dort war er annähernd dreizehn Jahre lang tätig, vielleicht in der Judenmission. Danach floh er nach Antiochien. Von dort wurde er vor dem Jahr 48 zusammen mit Barnabas von der Gemeinde zu einer Missionsreise ausgesandt (Apg 13f). Barnabas hatte in dieser Zeit eine große Bedeutung für Paulus. Er wurde von Jerusalem nach Antiochien gesandt, aber er sorgte auch dafür, daß Paulus den Jerusalemern bekannt wurde: Er führte Paulus bei ihnen ein.

Ein bedeutsames Ereignis war der sogenannte Apostelkonvent in Jerusalem im Jahre 48 oder 49. Für Paulus war es der erste Besuch in Jerusalem nach dem Besuch bei Petrus. Ebenso wie Barnabas war er Abgesandter der antiochenischen Gemeinde und konnte zusammen mit diesem bei den dortigen Autoritäten (vor allem: Jakobus der Herrenbruder) aushandeln, daß die beschneidungsfreie Heidenmission legitim ist. Überdies verpflichtete er sich dazu, «der Armen in Jerusalem zu gedenken» (Gal 2,10). Das sollte der Ansatz für die paulinische Kollekte werden. Per Handschlag wurde mit Petrus vereinbart, daß Paulus für die Heidenmission, Petrus aber für die Mission der Beschnittenen (Juden- oder Heidenchristen) zuständig sei. Nun hatte aber Petrus sicher auch Heiden missioniert (Apg 10f). War mit der Formel «zur Beschneidung» eine Mission gemeint, die sich dann, wenn sie sich an Heiden wandte, diese unter jüdischen Gesichtspunkten integrierte, also dadurch, daß das Aposteldekret, das in Jerusalem für Antiochien vereinbart wurde (Apg 15,20; s. u.), für sie gelten sollte? Paulus hat jedenfalls recht, wenn er sagt, ihm persönlich habe der Apostelkonvent nichts auferlegt.

Etwa im Jahre 49 verließ Paulus Jerusalem, nach einigen Forschern erst zur ersten Missionsreise; nach anderen, die sich mehr an die Apostelgeschichte halten, bereits zur zweiten Missionsreise, die ihn auch nach Europa führte.

Der antiochenische Zwischenfall. – In diese Zeit (49) fällt der «antiochenische Zwischenfall» (Gal 2,11–14). Petrus war nach seiner Flucht aus Jerusalem im Jahre 44 (unter Agrippa I.) in

Antiochien tätig geworden. Er hatte sich dort auf Vorschlag des Paulus zu gemeinsamen Mahlzeiten von Judenchristen aus seiner eigenen Missionspraxis mit Heidenchristen aus paulinischer Mission bewegen lassen. Diese Praxis aber war für Judenchristen nicht tragbar. Insbesondere die judenchristlichen Brüder in Jerusalem hatten darunter zu leiden. Denn nicht-koschere Mahlzeiten und das Essen von Blut waren für Juden verboten. Jede Verletzung dieser jüdischen Tischgebote wurde zum Anlaß genommen, Christen den Abfall vom Judentum vorzuwerfen. Die Judenchristen in Jerusalem sahen die Gefahr heraufkommen, daß sie für ihre «abgefallenen» Brüder in Antiochien büßen mußten; das weitere Schicksal Jakobus des Herrenbruders (Martyrium) zeigt, daß diese Furcht berechtigt war. Auf Anweisung von Leuten um den Herrenbruder Jakobus ließ sich Petrus davon überzeugen, daß er gegen die Vereinbarung des Apostelkonvents gehandelt hatte und machte einen Rückzieher. Das wiederum kritisierte Paulus, der Petrus nicht die strengere Praxis vorwarf, sondern den Rückzieher. Denn nun mußte es scheinen, als solle den Heidenchristen – um der Bewahrung der Mahlgemeinschaft willen – etwas von der ihnen zugestandenen Freiheit genommen werden. Es konnte der Eindruck entstehen, sie hätten wie Petrus etwas falsch gemacht. Und so endete der antiochenische Zwischenfall damit, daß sich Petrus von der Mahlgemeinschaft zurückziehen mußte, Paulus aber sich mit seiner Forderung nicht durchsetzte, diese Praxis beizubehalten.

In der Forschung ist umstritten, ob sich der Zwischenfall von Antiochien vor oder nach dem Apostelkonvent ereignete. Lag er vor dem Apostelkonvent, dann diente dieser der Einigung über die strittigen Probleme. Mir scheint das wenig wahrscheinlich. Denn das Problem des Apostelkonvents existierte vorher: Judenmission oder auch Heidenmission? Nach dem oben für den Apostelkonvent Angenommenen galt für die Heidenchristen in Antiochien das Aposteldekret (Verbot von Götzenopferfleisch, nicht geschächtetem Fleisch, von Blutgenuß und Mischehen mit Heiden). Es galt indes nicht für Paulus persönlich und für seine unabhängig von Antiochien aus durchgeführte Heidenmission. Was im antiochenischen Konflikt aufeinanderstößt, ist also das persönliche Verständnis des Paulus von völlig ritualienfreier Heidenmission und die für Antiochien getroffene Vereinbarung, nach der das Aposteldekret galt (Apg 15,20).

Ab 49–50 unternahm Paulus eine zweite Missionsreise. Er wandte sich nach Europa, gründete als erste christliche Gemeinde dort die Gemeinde von Philippi und missionierte Tessaloniki. In diese Reise fällt auch der Gründungsaufenthalt in Korinth (50–52). Dort traf Paulus laut Apg 18,2 Aquila und Priszilla, die nach dem Edikt des Kaisers Claudius im Jahre 49 Rom verlassen mußten. Im Jahre 50/51 schrieb Paulus an die frisch bekehrte Gemeinde von Thessaloniki den 1. Thessalonicherbrief. Zwischen 50 und 51 stand er vor dem Provinzstatthalter Gallio. Dieses Datum gehört zu den wenigen Gewißheiten in der Chronologie des paulinischen Lebens. Denn Gallio ist inschriftlich nachgewiesen, seitdem man in Delphi die sogenannte Gallio-Inschrift gefunden hat. Lucius Iunius Gallio, ein Bruder des bekannten Philosophen Seneca, war 51/52 Statthalter in der römischen Provinz Achaia. (In der Zeit der Alten Kirche wurde ein Briefwechsel zwischen Paulus und Seneca fingiert.)

Zwischen 52 und 55/56 hielt sich Paulus (auf der zweiten Missionsreise) in Ephesus und in der römischen Provinz Asia auf. Um das Jahr 52 besuchte er Galatien. Um 52/53 mußte er die Gefahr bestehen, von der 1 Kor 15,32 berichtet: ein Kampf gegen (menschliche) Bestien in Ephesus. Von Ephesus aus schrieb Paulus zwischen 54 und 57 den 1. Korintherbrief. Er besuchte im selben Jahr noch einmal Korinth und verfaßte daraufhin den nicht erhaltenen Tränenbrief, der im 2. Korintherbrief (2,4) erwähnt wird. Im Jahre 54/55 geriet er in Todesgefahr und Gefangenschaft, und zwar wiederum in der Provinz Asia und auf Betreiben dort ansässiger Juden. Die Gefangenschaft in Ephesus könnte 54–55 gewesen sein.

In den Jahren 54–55 verfaßte Paulus den 2. Korintherbrief, den Philipper- und den Philemonbrief. Danach brach er zu einer dritten Missionsreise auf (Apg 18,23ff). Diese Reise währte von 56–58. In dieser Zeit entstand der Römerbrief. Wie Röm 16 nahelegt, waren Aquila und Priszilla nun wieder in Rom.

Paulus versuchte im Anschluß an die dritte Missionsreise,

seine Kollekte der Gemeinde in Jerusalem zu übergeben (ca. 56). Dabei wurde er auf Anstiften von Juden aus Kleinasien gefangengenommen und nach verschiedenen Verhören und Verteidigungsreden (Apg 23–26) nach Rom überstellt. Zwischen 58 und 60 war er als Missionar in Rom tätig. Dort starb er zwischen 64 und 66 den Märtyrertod, und zwar wohl eher im Rahmen der neronischen Verfolgung als wegen des ihm von Juden angelasteten Vergehens (Entheiligung des Tempels durch einen abgefallenen Juden). Über diesen Tod berichtet aus dem 1. Jahrhundert der 1. Klemensbrief (5,1–5), aus dem 2. Jahrhundert das Martyrium Pauli.

Der Lebens- und Arbeitsstil

Paulus – ein Stadtmensch. – Die typischen Merkmale der hellenistischen größeren Städte und Metropolen (Mittelpunktstädte) sind eine differenzierte soziale Schichtung (mit schmaler aristokratischer Spitze), eine zumindest tendenzielle soziale Heimatlosigkeit weiter Kreise, die in der Stadt ihre jeweilige «Kultur» in den Schmelztiegel der hellenistischen Einheitskultur einbrachten, damit verbunden soziale Desintegration von Schichten, die aus finanziellen oder religiösen Gründen nicht akzeptiert waren, ein Pluralismus ohne Maßstäbe für das Gültige und dementsprechend zahlreiche Versuche, Menschen mit Vernunft oder Philosophie zu einem friedfertigen, integrativen Miteinander zu bringen. – Ein «Landmensch» wäre demnach einer, der nicht pluralistisch denkt und weitaus stärker den Traditionen seiner Kultur und Religion verhaftet ist. Die sozialen Gegensätze auf dem Land waren nach allem, was bekannt ist, noch stärker als in den Städten, da jede Mittelschicht fehlte. – Ein typisches Beispiel für die strukturelle Traditionsgebundenheit des Landes ist die Tatsache, daß auch in Zeiten der Christianisierung die Landbevölkerung weitgehend heidnisch blieb; wahrscheinlich kommt der Ausdruck «pagani» (Landbewohner) daher.

Die Fakten bezüglich Paulus sind einigermaßen klar: Geboren wurde er in einer wichtigen Kulturstadt (Tarsus), aus der auch der Stoiker Antipatros stammte. In der Großstadt Jerusalem erhielt er seine Ausbildung. Seine Biographie wird geziert durch die Namen wichtiger und großer Städte: Damaskus, Antiochien, Ephesus, Thessaloniki, Athen, Korinth, Milet und schließlich Rom. Kein Zweifel: Entscheidendes hat Paulus stets in diesen großen Städten erlebt und vollbracht. Auffällig ist zudem: Über die Phasen, die er nicht in großen Städten verbracht hat, sind wir nur spärlich informiert, und hier beginnt dann auch öfters das Rätselraten der Exegeten. So wissen wir kaum etwas über seine Tätigkeit in der Provinz Arabia oder in Kilikien. Gäbe es nicht den Bericht über Pauli Wirksamkeit in Lykaonien (Apg 14), so sähe es noch trostloser aus. Wir wissen auch nicht, wie Paulus seine langen Reisen zugebracht hat. Ist er auf den langen römischen «Haupt»-Straßen gewandert – dann wäre er durch zahlreiche Dörfer gekommen. Oder ließ er sich von Fahrzeugen mitnehmen?

Entscheidend ist, wieweit das städtische Denken die theologischen Aussagen des Paulus geprägt hat. Für die Auslegung des Paulus heute ist das nicht unwichtig. Denn damals wie heute gab es eine ausgeprägte Landflucht. Wenn Paulus ausgesprochen städtisch redete – wie konnte er sich da auf dem Land verständlich machen? Tatsache ist, daß die Rezeption des Paulus sich wiederum nur in Städten abspielte.

Urbaner Pluralismus zur Zeit des Paulus. – Paulus war vor allem hellenistischer Jude. Seine theologische Sprache kann ihre Herkunft aus dem hellenistischen Judentum kaum verleugnen. Wenn man fragt, wieweit Menschen sie verstanden haben, und welche das waren, so muß die Antwort lauten: Juden oder Sympathisanten mit dem Judentum oder Menschen, die mit dem Judentum Berührungen gehabt hatten, gab es fast nur in den größeren Städten, und zwar wuchs die Anzahl der Juden mit der Größe einer Stadt überproportional. Der Hinweis auf Rom, Alexandrien und Antiochien möge das belegen: Als J.-B. Frey sein Corpus Inscriptionum Iudaicarum versammelte, mußte er etwa die Hälfte des Werkes für die jüdischen Inschriften aus dem antiken Rom reservieren! Das wichtigste, was Paulus aus dem hellenistischen Judentum übernommen hat, war die griechische Fassung der Bibel (in Gestalt der Septuaginta, eine wohl alexandrinische Übersetzung) und darin den Begriff «Nomos» (Gesetz) zur Bezeichnung der Torah (eigentlich «Weisung», «Rat»).

Die jüdischen Elemente bei Paulus teilen ihre Urbanität mit den vulgär-philosophischen. Auch für die Popularphilosophie der Kaiserzeit verfügen wir über Zeugnisse fast nur aus den Städten, und auch wenn von den kynischen Wanderpredigern berichtet wird, werden immer nur Städte genannt, etwa in der Literatur der apokryphen Sokratesbriefe.

Städte wie Korinth waren Schmelztiegel der denkbar verschiedensten Volksgruppen und Kulte. Die Ausgrabungen von Ephesus bestätigen, daß das, was man im großen von Rom schon wußte, im kleinen auch von jeder anderen Metropole galt: Sie waren Zentren des Synkretismus (Vermischung verschiedener Religionen). Für das Land gilt das in viel geringerem Maße, wie die inschriftlichen Belege zeigen.

Die Multikulturalität der Städte spiegelt sich in den paulinischen Briefen besonders in der Rede von den «Starken» und «Schwachen» in Rom und Korinth. Während die «Starken» in beiden Gemeinden als aufgeklärte Monotheisten philosophisch-rationalistischer Prägung zu gelten haben, sind die «Schwachen» differenzierter zu sehen. In Rom könnte es sich um judenchristlich orientierte Menschen gehandelt haben (s. u.). In Korinth waren es entweder auch Judenchristen (als Petrus-Partei) oder allgemein Menschen mit stärker ausgeprägtem Sinn für Tabus und Bekenntnisse. Die Vielfalt jedenfalls, die Paulus vorfand, war gewiß ein typisch städtisches Phänomen. Denn bei Paulus ist auch zu beobachten, daß sich beide Gruppen jeweils unvermittelt nebeneinander finden und offenbar ratlos sind, wie sie miteinander umgehen sollen. Etwas übertrieben könnte man das ein Phänomen sozialer Entwurzelung auf beiden Seiten nennen. Damit ist ein wichtiges klassisches Syndrom der hellenistischen Metropolen genannt. Mit diesem Phänomen war zugleich an den Apostel die Aufgabe gestellt, beide Gruppen in einer gemeinsamen neuen Heimat zu integrieren. Eben das war die Erwartung an Paulus als Kirchenpolitiker.

Ein wichtiges Merkmal urbaner Gesellschaft zur Zeit des Neuen Testaments war auch die hohe Mobilität. Die schlichte Tatsache, daß sich das Ehepaar Aquila und Priszilla nacheinander an drei Orten (Ephesus, Korinth, Rom) aufhielt, zeigt, wie stark Mobilität an der Tagesordnung war, auch wenn das Claudius-Edikt in diesem besonderen Fall eine Rolle gespielt hat. Der Apostel selbst ist mit seiner extremen Mobilität nur ein Symptom einer im ganzen unruhigen Zeit.

Verräterische Wahl der Metaphern. – Der bekannteste Fehlgriff des Stadtkindes Paulus im Bereich der Metaphern, von denen er nichts versteht, ist wohl die Ölbaum-Metaphorik im 11. Kapitel des Römerbriefes. Denn sachgemäß ist es allein, einem wilden Ölbaum einen kultivierten Zweig einzusetzen. Das Gegenteil berichtet Paulus: Dem edlen Ölbaum Israel wird ein wilder Zweig eingesetzt – ein Bild für die Implantation der Heidenchristen in den Ölbaum Israel.

Im Unterschied zu den synoptischen Evangelien fehlen bei Paulus Gleichnisse oder auch nur Metaphern, die eine landwirtschaftliche Kenntnis verrieten, die über die Pflege eines Blumentopfes (1 Kor 3,8 pflanzen, gießen) hinausgingen. Die Wörter «Bauer» und «Acker» kommen bei ihm nicht vor. Das dreschende Rind in 1 Kor 9,9 geht auf Deut 25,4 zurück. – Viel besser weiß er dagegen im Stadion Bescheid, und das ist die Welt des Städters: «So ist es doch auch beim Wettlauf im Stadion: Alle laufen, aber nur einer kann gewinnen. Ihr müßt also laufen, damit ihr gewinnen könnt! Jeder Wettkämpfer bereitet sich auf den Wettkampf vor, indem er Verzicht übt. Die Wettkämpfer im Stadion tun es für einen vergänglichen Preis, wir aber tun es für einen unvergänglichen Preis. Ich weiß, für welches Ziel ich laufe, ich schlage nicht ziellos in die Luft, sondern hole gezielt aus. Ich stachele meinen Leib an.» (1 Kor 9,24–26)

Bilder im Zentrum des Glaubens. – Zur Beschreibung der zentralen Glaubensaussagen gebraucht Paulus Bilder, die städtischen Charakter haben. Das gilt besonders für die Rechtfertigungslehre. Hier verwendet er ein Wortfeld, das in wesentlichen

Elementen nur dem Städter vertraut sein konnte (gerechtsprechen, anklagen, Anwalt, Gerichtstribunal). Die technisch verwendeten Bilder in Texten wie Röm 8,27.31–34 (Anwalt, Erheben der Klage) oder 2 Kor 5,10 (Richterstuhl, Gerichtstribüne) dürften nur Städtern vertraut gewesen sein. Andere juristische Begriffe wie «Testament» (*diatheke*) oder gar das Konzept einer gruppeneigenen Gerichtsbarkeit (1 Kor 6,12–20) werden sicher nur Städtern eindeutig verständlich gewesen sein.

Institutionen des Glaubens. – Insbesondere dort, wo Paulus über die soziale Form des Christentums – die ihm nicht äußerlich, sondern immer ein Stück Gestaltwerden der Botschaft selbst ist – spricht, nennt er Städte und nur in Städten Antreffbares. Wenn er den Unterschied zwischen Juden und Christen beschreiben soll, dann spricht er vom irdischen oder vom himmlischen Jerusalem. Und da beide Städte sind, haben sie beide ihr Stadtrecht, das eine so, das andere das Gesetz des Christus (Gal 6,2). Paulus setzt in dieser Auseinandersetzung nicht die (neue) Familie oder das (christliche) Haus den entsprechenden alten Institutionen gegenüber, sondern die neue Stadt. Ohne Zweifel sieht er in diesem Modell auch die kollektive Identität der einzelnen Ortsgemeinden. Diese Frage ist nicht ganz unwichtig: Bisher nimmt man zumeist an, Paulus verfahre mit der Einzelgemeinde so wie das Judentum mit jeder Synagoge: Jede einzelne Gemeinde ist «Israel» bzw. «die Heiligen des Höchsten». Mit dem himmlischen Jerusalem ist eine übergeordnete symbolische Größe gefunden, nicht unähnlich dem himmlischen (aber dann rein zukünftigen) Jerusalem der Offenbarung des Sehers Johannes. So hat auch die paulinische Eschatologie einen grundsätzlich urbanen Charakter. Es ist damit – dies gegen die Maler der Spätgotik und Frührenaissance – im paulinischen Sinne nicht legitim, sich den «Himmel» als Garten vorzustellen. Vielmehr ist der Bereich Gottes, auf den sich Paulus im «Exil» wie auf seine «Heimat» freut, die unsichtbare Hälfte der Wirklichkeit und eben eine Stadt. Jesus Christus regiert in dieser Stadt als König zur Rechten Gottes, bis alle Feinde besiegt sind. Vor allem aber hat diese Stadt ein Stadtrecht, den Nomos (Gesetz) des

Christus, und der besteht darin, daß «einer des anderen Last trage» (Gal 6,2).

Der Ausdruck *ekklesia* (Gemeinde, Kirche) zur Bezeichnung der christlichen Gruppe vor Ort nimmt Bezug auf die urbane Institution der Volksversammlung. Der entscheidende Wandel besteht darin, daß der Name für die aktuelle Versammlung im frühen Christentum zur Bezeichnung der Gruppe geworden ist. Das heißt: Offensichtlich finden die frühen Christen ihre «Identität» in hohem Maße in den Versammlungen – in gemeinsamen Mahlzeiten (1 Kor 11) und in Darbietungen (1 Kor 14). Daher widmet Paulus diesen Versammlungen im 1. Korintherbrief wenigstens vier Kapitel (11–14), und selbst das Hohelied der Liebe (1 Kor 13) formuliert er bezeichnenderweise in diesem Zusammenhang. Ähnlich wie in den kaiserzeitlichen Volksversammlungen ging es auch in den frühchristlichen Versammlungen wesentlich um das Lob des Herrschers (also: Jesu Christi) und die Ehrungen einzelner Personen. Die große Bedeutung der sozialen Geltung bei Paulus legt nahe, daß er der psychosozial gespannten und konfliktreichen hellenistischen Stadt – und der Existenz als Jude darin (!) – die Sensibilität für diese Dimension verdankte. Der «Gewinn», den das Christentum von dieser Institution auf Dauer hatte, ist die Abkehr von der Hausgemeinde und die Hinkehr zu einer urbanen Öffentlichkeit. Diese vor allem in den Gemeinden des Paulus feststellbare Entwicklung ist von größter Tragweite, denn dadurch ist der christliche Gottesdienst eine Art Gegenöffentlichkeit gegenüber dem Kaiserkult und jeder politischen Inszenierung der Macht.

Die Öffentlichkeit des christlichen Gottesdienstes ist die Konsequenz des «Reiches Gottes», das auf die «Enthüllung» der Wirklichkeit Gottes und aller Gotteskinder hin tendiert. Man kann sagen: Weil die christliche Eschatologie öffentliche Enthüllung sein wird, ist auch das Christentum als Kirche nicht lange in Häusern und Familie zu bannen gewesen. Die paulinische *ekklesia* hat daher mit der profanen, von der sie den Namen hat, gemeinsam, daß sie in erster Linie in der Versammlung gleichberechtigter Mitglieder besteht. Diese ist öffentlich. Die Versammlung feiert das Lob des Herrschers und auch einzelner.

Sie nimmt Gesetze oder Instruktionen entgegen, manchmal auch in schriftlicher Form (paulinische Briefe).

Mit der städtischen Volksversammlung übernimmt Paulus auch eine der gebräuchlichen Metaphern für sie: die des *Leibes*. Die Leib-Metaphorik setzt so etwas wie eine Polis voraus, nämlich ein städtisches Milieu unversöhnter Verschiedenheit und potentiell ausgegrenzter kultureller oder religiöser Minderheiten sowie sehr unterschiedliche soziale Schichten. Diese sind jeweils mit der Leib-Metaphorik zu integrieren. Paulus verwendet in 1 Kor 12 das Bild des Leibes, um der drohenden Marginalisierung von Menschen zu begegnen, die von Minderwertigkeitsgefühlen geplagt werden und zu sagen beginnen: «Wir gehören doch gar nicht dazu». Paulus gebraucht gegenüber diesen Gruppen einen «Trick», indem er darauf hinweist, daß man an einem Körper die weniger ansehnlichen Glieder besonders kostbar umhüllt, wie etwa Gesäß und Schamgegend. Mit diesem Ausgleich an Ehre und Prestige spricht er sehr geschickt einen Bereich an, der bei Körperschaften, wie groß sie auch seien, stets eine besondere Rolle spielt. Hier sucht er den Ausgleich.

Ordnung und Gerechtigkeit als Instrumente urbaner Politik. – Die paulinische Ethik weist einige Elemente auf, die zur Bändigung des oben dargestellten städtischen Chaos wie geschaffen erscheinen – und die umgekehrt den Schluß zulassen, daß Paulus hier das richtige Handwerkszeug für die (zu rekonstruierende) Situation gebraucht haben könnte. Sowohl für das Verhältnis zwischen Mann und Frau als auch für das zwischen Armen und Reichen und auch bei Starken und Schwachen wendet Paulus immer den Grundsatz striktester Gleichheit an; in 2 Kor 8,13f nennt er sein Programm auch direkt «*isotes*» (Gleichheit). Innerhalb einer Familie wären die anstehenden Fragen sicher leicht unter Hinweis auf den *pater familias* (Hausvater) gelöst worden. Doch zeigt der sorgfältige inklusive Sprachgebrauch in 1 Kor 7, daß dieser Rekurs auf innerfamiliäre Gewalt bei Paulus nicht mehr gilt. Wenn die Gemeinde eine Polis ist, dann gilt absolute Gleichheit aller. Und wenn Paulus auf «Ordnung» (1 Kor 14) und «Wohlanständigkeit» (1 Kor 11) als Maßstäbe zurückgreift, nach denen sich die Gemeinde bei ihren Zusammenkünften zu richten hat, dann nimmt er Ideale auf, die in der zeitgenössischen Literatur auch für die *ekklesia* in der Polis gelten.

Diakonie als urbane Institution. – Eine verhältnismäßig große Rolle spielt bei Paulus das Begriffsfeld *diakonos, diakonia, diakonein* (Dienstleistungen erbringen). So kann Paulus auch sich selbst kennzeichnen, und damit ist deutlich, daß aus dem breiten Bedeutungsspektrum, das *diakon**– hat, nicht der Aspekt des privaten Dieners gegenüber seinem Herrn herausgegriffen ist, sondern derjenige mit dem höchsten Maß an Öffentlichkeit. Denn der *diakonos* einer Stadt oder einer vergleichbaren Institution ist ein öffentlicher Angestellter, ähnlich dem sinnverwandten deutschen Minister. Der *diakonos* übernimmt offizielle öffentliche Aufgaben im Dienst und zum Nutzen aller, die der betreffenden Institution zugehören.

Marktplatzredner oder Schuldialoge? – Das klassische Paulusbild ist sehr stark geprägt durch die Redner in Hyde Park's Corner und angeregt durch die Szene für die (erfolglose) Rede des Apostels auf dem Areopag nach Apg 17. Doch mit der historischen Wirklichkeit hat das wenig zu tun. Neuere Untersuchungen zum Stil der paulinischen Briefe haben ergeben, daß sie nicht der klassischen Missionspredigt entsprechen. Für diese Missionspredigt unter Heiden gibt es einige Beispiele in der Apostelgeschichte, besonders aber in den apokryphen Apostelakten. In diesen Predigten wird hauptsächlich der eine lebendige Gott gegenüber den toten Götzen hervorgehoben, es wird häufig mit dem Gericht gedroht und angesichts seiner fordert der Prediger zur Umkehr auf. Nur in 1 Thess 1,8–10 hat sich bei Paulus eine Reminiszenz daran erhalten; man könnte auch an Röm 1,18–2,10 denken. Doch überall sonst wird nicht die Initialpredigt wiederholt, sondern Paulus gebraucht den Stil der sogenannten Diatribe. Darunter versteht man einen rhetorisch ausgebauten Lehrvortrag, in dem zum Beispiel potentielle Einwände der Hörer vorweg genannt und auch vorweg beantwortet werden. Man könnte diese Briefe als schriftliche Niederschläge eines fingierten (und zum Teil auch wirklichen) Lehrdialogs verstehen. Dann wäre der Auftritt des Apostels Paulus nicht die große Straßenpredigt, sondern das zu Herzen gehende Einzelgespräch. Gegen die Straßenpredigt spricht auch die von Paulus selbst zugegebene Unsicherheit aufgrund seiner Behinderung (1 Kor 2,3f; 2 Kor 10,10).

Im übrigen verdiente Paulus sein Geld tagsüber als Zeltmacher (Herstellung grober Tuche) selbst. Erst am Abend dürfte er zur Predigt Zeit gehabt haben.

Die Mitarbeiter

Es ist sicher ein Fehler des klassischen Paulusbildes, sich den Apostel als Einzelkämpfer vorzustellen. Vielmehr hat er einen großen Teil seiner Missionstätigkeit zusammen mit mindestens einem Mitarbeiter ausgeführt. So war es – laut synoptischen Evangelien – auch bei den Aussendungen Jesu bzw. der Art von Mission, die sich darauf berief: Die urchristliche Mission war eine von je zwei Ausgesandten. So ist es auch nach Ostern ausweislich der Emmausjünger gewesen. Zur ersten Missionsreise werden Paulus und Barnabas gemeinsam ausgesandt, gemeinsam gehen sie nach Jerusalem zum Apostelkonvent. Diese Zweizahl beruht auf der Regel von den mindestens zwei, womöglich drei Zeugen (Deut 19,15). Schon Lk 24 (Emmausjünger) weist auch auf ein theophanes Element: Der Herr kommt inmitten zweier Engel/Boten; so schildern es auch die apokryphen Berichte über Jesu Auferstehung. Dem könnte die frühchristliche Auffassung von Mission entsprechen: In der Mitte der zwei sichtbaren Boten kommt unsichtbar der Herr selbst; er ist «mit» ihnen (Mt 28,20).

Später übernimmt Timotheus die Begeleitung des Apostels, und er wird auch als Mitabsender der meisten Briefe genannt (2. Korinther-, Philipper-, 1. Thessalonicher- und Philemonbrief, vgl. 2. Thessalonicher- und Kolosserbrief), Röm 16,21 nennt ihn ausdrücklich «Mitarbeiter». Daß er ein eigenes theologisches Profil gehabt hätte, ist nicht überliefert. Doch sind immerhin zwei der mutmaßlich sekundären Paulusbriefe, nämlich der 1. und der 2. Timotheusbrief, für immer mit seinem Namen verbunden. Weisheitlichem Stil entsprechend heißt Timotheus hier «Kind» des Paulus. – Ein Mitarbeiter war auch Silas bzw. Silvanus, ein Judenchrist, der Paulus auf der zweiten Missionsreise begleitete (bis Korinth) und laut 1 Thess 1,1 den 1. Thessalonicherbrief mitverfaßte. – Ob man sich das Ehepaar Priszilla und Aquila (aus Rom, dann in Ephesus und wieder in Rom) unbedingt als «Mitarbeiter» des Paulus vorstellen soll, ist fraglich. Zumindest hat er bei ihnen gewohnt. Aber selbst Lukas schildert sie als selbständig, zum Beispiel in der «Nachhilfe», die sie dem Apollos geben. – Apollos selbst ist keineswegs Mitarbeiter, sondern steht eher in einer gewissen Rivalität zu Paulus, jedenfalls aus dessen Sicht. Apollos ist allerdings kein «Apostel», und es wird auch keine Instanz erkennbar, die ihn ausgesandt hat. Der Apostelgeschichte zufolge ist er ein Charismatiker, vor allem in der schriftgelehrten Exegese, der aber im Unterschied zu Aposteln den Heiligen Geist selbst nicht weitergibt.

In den Gemeinden hat Paulus Vertrauensleute, auf die er sich stützen kann. Für Korinth sind besonders Stephanas mit seinem Haus (1 Kor 16,15–17 und 1,16) und die Diakonin Phoibe (Röm 16,1f) zu nennen. Stephanas war der erste Christ in Achaja, und Phoibe hat offenbar die Leitung eines häuslichen Unternehmens selbständig inne. Vertrauensleute dieser Art sind noch keine Mitarbeiter. Paulus läßt keinen Zweifel daran, daß allein der Apostel das Sagen hat. Äußerungen des Heiligen Geistes bei lokalen Propheten behandelt er sehr zurückhaltend (1 Kor 14). Er ist offenbar weit davon entfernt, derartigen Leuten eine auch nur ähnliche Bedeutung wie sich selbst zuzuschreiben. Mit einem Wort: Paulus und niemand anders ist Vater bzw. Mutter seiner Gemeinden.

Die Adressaten der Briefe

Paulus schrieb seine Briefe an drei unterschiedliche Personengruppen: an von ihm selbst gegründete Gemeinden wie die in Galatien, Thessaloniki, Philippi und Korinth, an Privatpersonen wie Philemon, dem er (freilich nicht als Privatbrief) anläßlich des entlaufenen Sklaven Onesimos schreibt, und an die ihm von Angesicht nicht bekannte Gemeinde in Rom. Die für unecht gehaltenen Paulusbriefe richten sich entweder an Gemeinden (Kolosser- und Epheserbrief, letzterer wohl an mehrere) oder an Schüler (1. und 2. Timotheus- sowie Titusbrief). Es herrscht Konsens darüber, daß die angeschriebenen Gemeinden, die Paulus selbst gegründet hat, überwiegend heidenchristlich waren. Der Römerbrief stellt auch hier eine Besonderheit dar, da hier der Ausdruck «Gemeinde» noch gar nicht fällt und Nachrichten über die Organisation der römischen Christen schwierig zu erschließen sind. Möglicherweise gab es Christen im Umkreis einzelner der zahlreichen Synagogen. Man muß damit rechnen, daß die Hälfte der Christen in Rom Judenchristen waren. Der Römerbrief weist auf eine gleichmäßige Zusammensetzung aus Juden- und Heidenchristen hin.

Der heidnische Polytheismus scheint für das frühe Christentum überhaupt kein ernsthaftes Problem gewesen zu sein, nur 1 Thess 1,9 berichtet von der Bekehrung zum lebendigen Gott. Nur in 1 Kor 8 und 10 werden – im Zusammenhang mit dem Götzenopferfleisch – heidnische Götter genannt: Es gibt sie zwar, aber sie sind nur sogenannte Götter, und im übrigen werden sie als Dämonen angesehen. Nach Röm 1,23f ist der Götzendienst die Perversion schlechthin, aus der andere Perversionen dann als Strafe des wahren Gottes folgen. Die einzige wirkliche Gefahr besteht nach dem 1. Korintherbrief für Christen darin, daß sie durch gedankenloses Handeln nach außen hin ihr Bekenntnis verleugnen. Darauf achtet Paulus sehr, denn die Selbstdarstellung der Gemeinde nach außen ist das wichtigste missionarische Instrument.

Am besten sind uns die Probleme aus der Gemeinde von Korinth bekannt. Die Gemeinde gibt nach außen hin ein schlechtes Bild ab wegen eines Sexualskandals, wegen Streitigkeiten der Christen untereinander, wegen mangelnder Eindeutigkeit des Bekenntnisses zu dem einen Gott, wegen Spaltungen und allgemeinem Chaos bei den Versammlungen (einschließlich Herrenmahl). Auch die Arroganz einiger aufgeklärter Christen gegenüber religiös gebundenen Gemeindegeschwistern schwächt die Gemeinde. Freilich ist auch Paulus durch unvorteilhaftes Auftreten in Korinth der Gemeinde nicht gerade als werbewirksam in Erinnerung. Im übrigen war Korinth das Ziel auch anderer Missionare, was Paulus deutlich zu schaffen macht.

In Galatien besteht das Problem merkwürdigerweise in der Anfälligkeit für den von den Gegnern offenbar als quasi-sakramental eingeschätzten Ritus der Beschneidung. Das ist merkwüdig, weil Beschneidung nicht nur äußerst schmerzvoll und ein Infektionsrisiko war, sondern auch als Verstümmelung galt und von Heiden nur verspottet wurde. Wie konnten Heidenchristen mit dieser Prozedur liebäugeln? Paulus sieht hier das ganze Christentum in Gefahr, weil ja doch der Empfang des Heiligen Geistes in der Taufe (oder als Taufe) schon eine wesentlich größere Nähe zu Gott erwirkt hatte als es Beschneidung je vermochte. Das hatten aber die Galater nicht verstanden. Und sie konnten gut damit argumentieren, daß Jesus, Petrus und Paulus selbst ja Juden waren. Hatte nicht Paulus den Galatern durch den Verzicht auf die Beschneidung die wichtigste Pforte zum Heil vorenthalten?

Daß Paulus auch im Philipperbrief sehr scharf auf diese Problematik eingeht, zeigt, daß er zumindest eine Ausbreitung der «Seuche» fürchtete. Denn im Zusammenhang des Philipperbriefs ist die Invektive gegen die «Hunde», die Beschneidung fordern, nach zwei freundlichen Kapiteln wie ein Blitz aus heiterem Himmel. Konkretes nennt Paulus für Philippi in dieser Hinsicht nicht. Daher scheint das Kapitel 3 dieses Briefes eher ein «Schuß vor den Bug» zu sein.

Die Probleme der Christen in Thessaloniki hängen zusammen mit der für Heidenchristen sehr fremdartigen Auffassung, Jesus werde wiederkommen, und zwar zum Gericht, und dann sein eigentliches Erlösungswerk vollbringen, nämlich die Bewahrung vor dem Zorn Gottes. Nach Todesfällen in der Gemeinde entstand die Frage, ob und unter welcher Voraussetzung die verstorbenen Christen angesichts offenkundiger Verzögerung dieser Wiederkunft überhaupt am Heil teilhaben könnten. Paulus antwortet mit dem Hinweis auf Auferstehung. Im übrigen versucht er, die entscheidende Heilstat Jesu schon in dessen Tod zu sehen und damit in der Vergangenheit anzusetzen (1 Thess 5,9f). Der Vorteil, den diese Sicht mit sich bringt, besteht darin, daß man trotz aller angespannten Erwartung nicht unruhig werden muß, sondern «gut schlafen» kann. Und über die Anspannung («Wachen») sagt Paulus, daß sie nicht im Lauern auf einen Termin besteht, sondern in Werken des Tages und des Lichts und in Glaube, Hoffnung und Liebe. Der 2. Thessalonicherbrief geht auf einen anderen Aspekt desselben Themas ein: In der Gemeinde gab es Leute, die mit dem sofortigen Weltende rechneten (2 Thess 2,2). Der Brief beruhigt die aufgeschreckten Gemüter und verweist auf die vielen Phasen der Geschichte, die vor dem Ende erst noch kommen müssen.

In der Gemeinde von Rom scheint es, sollte Paulus recht informiert sein, teilweise um ähnliche Probleme wie in Korinth zu gehen. Auch hier gibt es aufgeklärte Christen und andere, die das Christentum als eine Bußbewegung ansehen und daher Nahrungsaskese üben. Paulus mahnt zur Einheit von innen her. Sie besteht praktisch darin, einander nicht verbal abzukanzeln.

Die Probleme aus den Gemeinden werfen immer wieder die Frage auf, wie die Erstverkündigung des Apostels aussah. Wieweit hatte er darin schon alles bedacht oder wenigstens angedeutet? Oder kam er erst dann auf manche Konsequenzen zu sprechen, als die Probleme in den Gemeinden auftauchten? Wieviel hatte Paulus den Gemeinden überhaupt von Jesus erzählt? Sicher ist nur, daß Paulus immer wieder von der eigenen Jesus-Erfahrung ausging. Daher wenden wir uns zunächst der Auffassung des Paulus von seinem eigenen Apostolat zu.

II. Berufung

Der Apostelдienst als Mitte paulinischen Denkens

Paulus betrachtet sich selbst als Inszenierung der Botschaft. Er verkündigt seine durch Jesus Christus geformte Biographie. Und da in deren Mitte eine «Bekehrungsvision» (das ist eine jüdische Gattung, nach der Licht und Stimme den rufen, der sich bekehrt) mit seiner Berufung zum Apostel steht, wird sie der Maßstab für alle Umkehr, die er von den Heiden fordert. Auch die Pastoralbriefe, besonders 1. Tim, nehmen dieses Anliegen von Paulus auf und bezeichnen ihn als Muster der Bekehrung. Insofern orientieren sie sich an einem frühpaulinischen Thema. – Wenn er «im Herrn» den Gemeinden befiehlt, dann eben aus engster Verbundenheit mit dem, den er darstellt. In 2 Kor 2,14f nennt Paulus sich «Duft, der von Jesus Christus ausgeht» und der zur Gemeinde dringt. Wir würden heute sagen: Er betrachtet sich als verlängerten Arm des Herrn. So kann er auch sagen, die Gemeinde der Galater habe ihn aufgenommen «wie Christus Jesus»(Gal 4,14). Besonders stellt er insofern den Herrn dar, als er als sein Zeuge für ihn leidet. Nach 2 Kor 4,10 gilt: «Tagtäglich ertrage ich Jesu Leiden und Sterben am eigenen Leibe.» Und von seiner Rettung sagt er: «So soll die von Jesus ausgehende Kraft des Lebens auch an meinem sterblichen Leib sichtbar werden» (ebd.). Und nach 2 Kor 1,9f hat der Gott, der Tote auferwecken kann, in der Provinz Asia Paulus «gleichsam aus dem Tod befreit», wie er es an Jesus getan hat. Paulus schreckt also selbst vor einer Analogie des eigenen Geschicks mit der Auferweckungstat Gottes an Jesus nicht zurück.

Immer wieder stellt Paulus sich der Gemeinde als Vor- und Urbild der Erlösung vor, und er kann diese Linie erweitern, so daß sie dann die Glieder Christus – Paulus – die Gemeinde umfaßt. Das heißt: Jesus Christus ist Urbild für Paulus, dieser aber für die Gemeinde. So wird an Paulus Jesus Christus für die

Gemeinde «erfahrbar». Verstehen kann man diesen Gedanken nur, wenn man das Prinzip antiker Menschenführung beachtet: Entscheidend ist allemal der Lehrer als Ur- und Vorbild. Seine Worte machen nur das, was er in seiner Existenz darstellt, eindeutig. Aber glaubwürdig ist er nur als «Lebemeister», sehr viel weniger als «Lesemeister». Das Prinzip der Pädagogik heißt daher «nachahmen». Und dieses paulinische Wort tritt neben das «nachfolgen» der ersten drei Evangelien. Paulus meint das nicht moralisch im Sinne des Tugendhelden, sondern als Muster dessen, der sich im Glauben auf Gott gründet und sich von ihm tragen läßt. Was wir nur moralisch auffassen könnten, ist hier als Orientierung an einem Halt gemeint. Im 1. und 2. Korintherbrief kann Paulus sagen: Wenn ich schwach bin, wenn ich von Furcht und Zittern erfüllt bin, dann kommt die Kraft und Wundermacht Jesu Christi in mir zum Zuge. So ist also das Auftreten des Paulus Epiphanie (hilfreiche, wunderbare Erscheinung) des Herrn, gerade weil er, Paulus, selbst nichts Imposantes zu bieten hat. Das, was an Erweis von Kraft vom Apostel ausgeht, kann nicht die eigene Kraft sein, sondern nur die des Herrn. Und wir bemerken: Gerade dadurch, daß Paulus so offen seine Schwäche betont, gewinnt er an Legitimität. Denn dann ist es wirklich der Herr, der an ihm und durch ihn wirkt. Aus den Texten wird meines Erachtens klar erkennbar, daß es sich hier um wirkliche Machterweise handelt, nicht lediglich um Gedankliches (gegen den Satz «Gerade ohne Erweise bin ich moralisch Sieger»).

Der lebenslange Pharisäer

Die wichtigsten Grundsätze der pharisäischen Lebensanschauung behält Paulus auch als Christ bei. Sie spielen keine Nebenrolle, sondern sind das zentrale Raster, mit dem Paulus wahrnimmt. Dazu gehören:

- die zentrale Rolle der Auferstehung Jesu Christi und der Toten. Das unterscheidet Paulus in gewisser Hinsicht vom 1. Petrus- und vom Hebräerbrief, die demselben «Milieu» antiochenischer Theologie entstammen könnten und kaum von Auferstehung reden.

- die besondere Rolle des Heiligen Geistes. Für die Pharisäer hängt offenbar die Hoffnung auf Auferstehung mit der weiteren Hoffnung zusammen, dann wie die Engel zu werden (vgl. besonders Apg 23,8).
- Paulus bewahrt besonders im 1. Thessalonicher- und 1. Korintherbrief eine Heiligkeitsethik, die ihrer Grundstruktur nach pharisäisch ist. Dadurch, daß die Christen heilig sind, unterscheiden sie sich von den Heiden ringsum. Ein Heiligkeitsethos aber war die Folge der Ausdehnung priesterlicher Attribute auf Laien im Pharisäismus.
- Das Streben der Pharisäer nach besonders treuer Gesetzesobservanz ist der Hintergrund ebenso für die bleibende Geltung des Gesetzes bei Paulus wie auch für seine Annahme, das Gesetz sei in allen rituellen Hinsichten durch Jesu Tod und durch die Gabe des Geistes schon so erfüllt, daß diese Regeln (Sühne und Nähe zu Gott durch Beschneidung) eben tatsächlich nicht mehr gelten, wenn man nur ganz eng mit Jesus verbunden ist. Aber vom pharisäischen Standpunkt aus hat eben auch dieses vollständig seine Ordnung. Das ist so, wie wenn eine gute Tante freundlicherweise Steuern für mich bezahlt, und zwar ein für allemal. Damit bin ich frei vom Steuergesetz, doch dieses Gesetz ist mitnichten aufgehoben. Es wird in seinem Anspruch durch die Zahlung der Dame anerkannt. So hat Jesus durch seine Stellvertretung alle Sühneforderung des Gesetzes beglichen, und so ist mit der Taufe und Geistverleihung alle Annäherung an Gott per Beschneidung a priori überboten. – Doch was den Rest des Gesetzes, die Moral- und Sozialgebote betrifft, so bleiben sie bestehen, und der Heilige Geist gibt den Christen jetzt endlich die Möglichkeit, das Gesetz insoweit zu erfüllen.
- Es war ein prophetischer Wunschtraum, der da in Erfüllung gegangen ist. Und daher liegt hier nichts Heidnisches und kein Abfall des Paulus von den Traditionen der Väter vor. Denn Jeremia und Ezechiel ersehnten, daß Gott in der Zukunft den Menschen ein neues Herz, ein Herz nicht aus Stein, schenken möge, dazu seine Gebote in ihr Herz schreiben und ihnen seinen Heiligen Geist schenken möge, damit alle die

Gebote erfüllen könnten. Die paulinische Lösung der Gesetzesfrage durch den Heiligen Geist ist daher kein Verrat am Judentum, sondern Erfüllung prophetischer Ansagen. Besonders deutlich ist das in Ez 36,26f (zuvor war von der Reinigung durch Wasser die Rede): «Und ich will euch ein neues Herz und einen neuen Geist in euch geben und will das steinerne Herz aus eurem Fleisch wegnehmen und euch ein fleischernes Herz geben. Ich will meinen Geist in euch geben und will solche Leute aus euch machen, die in meinen Geboten wandeln und meine Rechte halten und danach tun.» – Im Jubiläenbuch, K.1 ist in diesem Zusammenhang auch davon die Rede, daß die Menschen dann Kinder Gottes sein werden.

– Die Bedeutung der Gerechtigkeit bei Paulus wird von seinem Pharisäismus her verständlich. Das grundlegende Interesse daran, gerecht zu sein, nämlich in einer intakten und integren Beziehung zu Gott zu leben, entstammt pharisäischem Purismus. Ähnlich hatte Martin Luther offenbar einen monastischen Purismus verfolgt und hatte von daher einen kongenialen Zugang zu Paulus.

– Auch die Rede von Engeln und ihrer aktiven Offenbarerfunktion (in der Vergangenheit: z. B. Gal 3,19; in der Gegenwart: 2 Kor 11,14; Gal 1,8; 3,14) bei Paulus ist schwerlich sadduzäisch zu nennen. Sie ist durch und durch pharisäisch.

Was Paulus liebte

Man kann Paulus am besten verstehen, wenn man sich vor Augen stellt, was er liebte, man kann also gewissermaßen seinen *Ordo amoris* (Stufenordnung der Liebe) rekonstruieren und dann sehen, wo sein Herz schlägt.

Am allermeisten liebt Paulus sein Volk. In leidenschaftlichen Ausbrüchen sagt er das völlig überzeugend Röm 9,1–4: «Glaubt mir, ich meine es wirklich so und kann es guten Gewissens beteuern: Der Heilige Geist läßt mir keine Ruhe, euch zu sagen, daß mein Volk mich mit tiefer Trauer und großem Schmerz erfüllt. Ich würde es sogar auf mich nehmen, von unserem Messias getrennt und fern zu sein, wenn ich dadurch meinen jüdischen

Geschwistern helfen könnte. Sie gehören doch zu mir und sind durch den Ehrennamen Israeliten ausgezeichnet. Sie sind die Kinder Gottes.» Und ferner Röm 11,1f: «Hat also Gott sein Volk verstoßen? Keineswegs. Ich selbst bin ein lebendes Beispiel dafür, daß das nicht so ist: Ich bin Israelit, Kind Abrahams, aus dem Stamm Benjamin. Gott hat sein Volk nicht verstoßen; er hat es doch schon seit jeher als sein Volk gewollt.» Röm 11,14f heißt es: «Meine jüdischen Geschwister will ich zum Protest herausfordern, um sie zum Nachdenken zu bringen, vielleicht kann ich ja einige von ihnen retten. Daß jetzt die meisten Juden verstoßen wurden, hat der nichtjüdischen Welt die Versöhnung gebracht. Wenn aber am Ende diese Juden wieder angenommen werden, wird es für alle das Fest der Auferstehung sein.»

Paulus wurde und wird oft als der Renegat dargestellt, der statt seines Volkes nun den Messias liebe. Eher ist das Gegenteil der Fall. Man hätte nur wünschen mögen, daß die antijüdischen Paulusausleger vergangener Jahrhunderte davon etwas verstanden hätten.

Kann man eigentlich sagen, daß Paulus Jesus liebt? Er wagt es nicht zu sagen, denn Jesus ist der Herr, und Paulus versteht sich als Sklaven. Nein, anders als viele moderne fromme Leute kann Paulus nicht sagen «Ich liebe Jesus». Paulus ist ein Parteisoldat Jesu Christi, des erhöhten Königs. Und wie man an 2 Kor 10,1–6 zeigen kann, empfindet er sich bisweilen als Feldherrn dieses Königs, der im Gebrauch der geistlichen und psychologischen Waffen nicht zimperlich, sondern sehr erfolgsorientiert ist. Das Verhältnis zu diesem Herrn und König könnte enger nicht sein, aber es heißt nicht Liebe.

Paulus liebt den Himmel, er sehnt sich danach. Wo immer er auf das zu sprechen kommt, dem er mit großen Erwartungen entgegengeht, redet er in der Sprache der Sehnsucht. Wie kann man den Himmel lieben, ohne die Menschen zu verachten? Wir würden fragen: Den Himmel lieben, ohne die Erde zu verachten? Paulus ist ein Märtyrer, Zeit seines Lebens umgeben von höhnischen Feinden und heimgesucht von körperlichen Leiden und Peinigungen. Am besten versteht man ihn, wenn man Dietrich Bonhoeffers letztes Wort hört, als er zur Hinrichtung abgeführt wurde: «Dies ist das Ende, für mich der Beginn des Lebens.»

Paulus liebt seine Gemeinden, besonders die in Korinth. Er nennt sich Vater oder eine Mutter, die Schmerzen hat um ihr Kind (Gal 4,19). – Weil er seine Gemeinde in Korinth liebt, kann er nicht begreifen, daß diese nun von ihm Empfehlungsbriefe sehen will, die ihm seine Unbedenklichkeit bescheinigen (2 Kor 3,1–3). Statt sich um solche Briefe zu bemühen, sagt er daher: «Dabei brauche ich doch im Unterschied zu anderen weder für euch noch von euch ein Empfehlungsschreiben. Mein Empfehlungsbrief seid einfach ihr selbst, denn da ich euch liebe, seid ihr in mein Herz geschrieben, und das ist ein Brief, den alle erkennen und lesen können. Dieser Brief ist von Jesus Christus verfaßt, und ich bin nur der Überbringer.» (2 Kor 3,1–3) – In den – wohl nicht von Paulus selbst verfaßten – Pastoralbriefen spricht er von Timotheus als seinem geliebten Kind. Auch das ist sicher keine Floskel.

Was Paulus am meisten haßt: Menschen, die die Freiheit des Evangeliums rückgängig machen, indem sie Heidenchristen beschneiden wollen. In Gal 1,8f gebraucht er deshalb die schärfsten Ausdrücke gegen Menschen: «Doch verflucht sei jeder, der euch ein anderes Evangelium bringen möchte als das, welches ich euch verkündet habe. Gott soll ihn richten. So ein Fluch würde jeden treffen, der so verdrehtes Zeug redete, auch mich oder selbst einen Engel vom Himmel. Noch einmal: Wer euch ein anderes Evangelium verkündet, den trifft Gottes Fluch.» – Nicht weniger haßt Paulus die Eindringlinge in Korinth, die er in 2 Kor 11,13–15 so beschreibt: «Ich halte sie für Falschapostel und Lügenmissionare, die in das Gewand christlicher Apostel geschlüpft sind. Das war zu erwarten: Da sich selbst Satan als Engel des Lichts verkleidet, liegt es nahe, daß sich seine Handlanger zum Schein in Engel der Gerechtigkeit verwandeln können. Aber weil ihre Werke tot sind, wird so auch ihr Ende sein.» Gerade weil eine inhaltliche Auseinandersetzung fehlt, lag der Standort dieser Gegner also wohl nahe bei Paulus. Sein Haß ist um so größer, weil diese «Apostel» in die eigene Gründung eingedrungen sind. Die Kehrseite der mütterlichen oder väterlichen Liebe des heiligen Paulus zu Gemeinden ist daher offensichtlich seine Eifersucht.

Paulus, der Außenseiter

Gemessen an dem Umfang, den die Paulusbriefe im Kanon des Neuen Testaments und im Studium der Theologie einnehmen, ist die tatsächliche Position des Paulus im frühen Christentum eher marginal und die eines Außenseiters. Lebte Paulus noch, so würde er sich gewaltig darüber wundern, daß große Kathedralen und sogar nicht wenige Nachfolger des Heiligen Petrus nach ihm benannt worden sind. Die Außenseiterrolle des Paulus besteht vor allem wegen folgender Punkte:

Paulus ist als *Verfolger* von Christen bekannt geworden. Konnte man einem Apostel über den Weg trauen, der zuvor über seine Opfer triumphiert hatte? Und bei der Christusvision des Paulus war jedenfalls nach seinen Briefen niemand als Zeuge dabei, auch die Apostelgeschichte nennt nur Begleiter ohne Namen. – Viel zu sehr hat sich die Forschung zugunsten des Paulus auf den Standpunkt des bekehrten Apostels eingelassen. Aber wenn ein Mensch dazu imstande war, Christen zu verfolgen, wer konnte da von den Opfern verlangen, sie hätten alles zu vergessen? Waren unter den späteren Gegnern des Paulus nicht auch seine Opfer von früher? Und wer etwas von dem Stil des Christenverfolgers Paulus erahnen will, der kann das ablesen an der Art, in der Paulus später mit seinen Gegnern verfährt. In 2 Kor 10,3–6 schreibt der Apostel: «Ich bin zwar ein schwacher Mensch, doch wer mir den Kampf aufzwingt, wird sich wundern. Denn meine Waffen sind nicht schwach und brüchig, sondern hier wirkt Gottes Macht. Festungen der Gegner werde ich zerstören, Gedankenpaläste schleifen, jeden Wall, den ihr gegen das wahre Christentum aufschüttet, mache ich dem Erdboden gleich, alle Freigeisterei setze ich gefangen und zwinge sie zum Gehorsam gegen Jesus, den Messias. Ich bin durchaus bereit, jeden Ungehorsam strengstens zu ahnden, damit ihr endlich alle gehorcht.» Paulus ist daher der Eiferer geblieben, nur die Gegner sind andere geworden.

Isoliert und verdächtig ist Paulus ferner als Verfechter *beschneidungsfreier Heidenmission*, die er der Apostelgeschichte zufolge als erster (zusammen mit Barnabas) praktizierte. Für jeden jüdischen Standpunkt mußte es als ungeheuerlich erscheinen, daß jemand durch eine Jesus-Vision bekehrt wurde und dann erklärte, durch den so mitgeteilten «Heiligen Geist», den Geist des auferstandenen Jesus, seien die Grenzen zwischen Juden und Heiden gesprengt. Daß der Heilige Geist solches vermöchte und es überflüssig machte, erst Jude zu werden, war religiös und theologisch unerhört.

Außenseiter war Paulus vor allem, weil aufgrund seines Verhaltens in Gesellschaft von Heidenchristen der Eindruck entstand, er sei ein *abgefallener Jude*. Denn sein pädagogisches Prinzip heißt: «Allen alles werden!» (1 Kor 9,22) Demnach lebt er in Gesellschaft von Juden mit ihnen unter dem Gesetz, und davon zeugt eindrücklich die Teilnahme des Paulus am Nasiräat (zeitlich befristetes Enthaltsamkeitsgelübde nach Nu 6,1–7) der Christen aus der Urgemeinde (Apg 21,24–26). – Aber mit Heidenchristen lebte Paulus so, als gäbe es kein jüdisches Ritual- und Speisegesetz (nur darum kann es gehen). Denn ein Pädagoge vermittelt vor allem einen bestimmten Lebensstil. Wenn Paulus also mit Heiden heidenchristlich lebte, dann vermittelte er diesen Christen aus den Heiden ein Judentum, das auf die sozialen Aspekte der Torah beschränkt blieb. Das mußten Juden als Abfall werten, und das kostete Paulus schließlich das Leben.

Nach seiner Trennung von der antiochenischen Gemeinde war Paulus der einzige uns namentlich bekannte Heidenmissionar, der in *Kontakt mit Jerusalem* stand (oder besser gesagt: stehen wollte), und zwar so, daß er mit seiner Kollekte auch eine theologische Anbindung seiner Gemeinden aus der Heidenmission an das Judentum suchte. Diese relative Einheit von Juden- und Heidenchristen zu erstreben bzw. zu bewahren, war für Paulus eine elementare theologische Frage. Denn eine Verbindung zum Gott Abrahams, Isaaks und Jakobs sah Paulus offensichtlich als die notwendige Legitimationsgrundlage für das gesamte Christentum an. Paulus versucht, diese Anbindung nach

Jerusalem durch das rührende Mittel der Kollekte zu erreichen. Er konnte sich dafür auf das Vorbild synagogaler Praxis der «Almosen für das Volk» (z. B. Apg 10,2) berufen, wonach heidnische Sympathisanten ihre Zugehörigkeit zur Synagoge durch finanzielle Gaben zum Ausdruck brachten und sich auf diese Weise unentbehrlich machten. Es könnte sein, daß Paulus nach diesem Muster das Verhältnis zwischen seinen heidenchristlichen Gemeinden und der Muttergemeinde in Jerusalem gestalten wollte und sich so wenigstens den Status des Sympathisanten sichern wollte – auch im Vertrauen auf die Überzeugungskraft des Geldes. – Auch in dieser Rolle des Verknüpfenden ist Paulus einzigartig.

In der Art und Weise, eine *Ethik für Heidenchristen* zu erstellen, ist Paulus geradezu revolutionär. Er begnügt sich nicht damit, einen Rest von Sozialgeboten aus der Torah für verbindlich zu erklären. Das taten andere jüdisch-hellenistische und christliche Autoren. Vielmehr sucht er für die Ethik zwei neue, eng benachbarte Ausgangspunkte. Zum einen ist es der Empfang des Heiligen Geistes durch die Christen. Der Heilige Geist, an dem man in der Taufe Anteil erhält, hat einen bestimmten ethischen «Charakter». Es ist der Geist des Machtverzichts, der Sanftheit und der Selbstzurücknahme. Daher sind Liebe, Friede, Freundlichkeit, Sanftmut, Geduld und Selbstbeherrschung seine besonderen «Früchte» (Gal 5,22f). Der Heilige Geist hat deshalb diesen sanften Charakter, weil es einen grundsätzlichen Gegensatz zwischen Gott und Welt gibt. Im Rahmen dieses Kontrastes kann Gottes Gegenwart sich nur völlig entgegengesetzt zur Welt auswirken. Und weil es in der Welt um Macht und Gewalt geht, ist der Heilige Geist als Wirken Gottes in der Welt eben dadurch stark, daß er gewaltlos wirkt. Die Vielfalt der Gaben des Geistes ist schon aus Jes 11,2 bekannt. Die Art, in der Paulus diese Vielheit einheitlich gestaltet, hat inhaltlich Ähnlichkeit zum Evangelium nach Matthäus im Bild des sanften und demütigen Jesus. – Zum anderen macht Paulus Charismen zum Ausgangspunkt der Ethik. Charismen sind besondere, individuell zugeteilte Gaben Gottes, die als auffällige Fähigkeiten zeichenhaft auf den Himmel weisen. Nur nach 1 Kor 12,7f.11 werden sie durch den Heiligen Geist vermittelt, sonst sind es davon relativ unabhängige Gaben Gottes. Hat Paulus sich hier von Jes 11,2 und der Konzeption der Früchte des Geistes inspirieren lassen und also für die Charismen Analoges angenommen?

In Röm 12 wird erkennbar, wie Paulus auf diesen individuellen Gaben eine Ethik aufbaut. Eine teilweise traditionelle Liste von Charismen (vgl. 1 Petr 4,9–11 und 1 Kor 12) wird ausgeweitet zu einer Art Systematik des Verzichts auf Rache und Gericht auf Seiten der Menschen. Doch der individuelle Ausgangspunkt ist beibehalten: Dem einen ist dieses Charisma gegeben, dem anderen jenes. Dadurch wird das Generelle, wie es später Kant im Blick auf eine allgemeine Gesetzgebung formulierte, weniger betont als das dem einzelnen geschenkte Können. Denn das ist für Paulus wichtig: Handeln ist Gabe, es wird nicht aus einer allgemeinen Vernunft hergeleitet, wie wir es seit Spinoza tun, sondern weil Christentum eine Bekehrungsreligion ist, ist das Handeln-Können das Taufgeschenk des Himmels für jeden einzelnen. Doch wenn jeder nach seinen von Gott geschenkten Fähigkeiten handelt, ergibt sich von selbst, daß das Handeln anderer Christen im günstigen Falle subsidiär ist. Alle zusammen sind auf alle Fähigkeiten insgesamt angewiesen, gerade weil jeder nur begrenzt Kraft hat. Auf diese Weise erhält Ethik bei Paulus zugleich eine unverkennbare Ausrichtung auf die Gemeinde hin.

Paulus ist Außenseiter, weil er auf diesem Wege in seiner Ethik so etwas erstellt wie «*Pharisäismus für Heiden*(christen)». Pharisäismus deshalb, weil es um radikale Observanz des Liebesgebotes geht und weil es aus der Kraft des Himmels geschieht und insofern ein engelgleiches Leben ist. Auch nach Apg 23,8 glauben die Pharisäer generell an «(Heiligen) Geist» (*pneuma*). – «Für Heiden» ist die Ethik des Paulus deshalb bestimmt, weil sie keine Beschneidung und nicht die Erfüllung der jüdischen Ritualgesetze voraussetzt. Paulus bleibt daher Pharisäer, und das Christentum gibt ihm die Möglichkeit, seinen Pharisäismus zur Weltreligion zu machen. Pharisäische Lebensweise und Weltsicht werden für ihn wichtiger als deren spezifisch jüdischer Charakter. Die Beschränkung auf das Judentum (Abstammung,

Speisegesetze, rituelle Bindung an den Tempel) wird aufgegeben, das spezifisch Pharisäische wird vom Judentum abgekoppelt und erweist sich bis heute als bedeutsame theologisch-religiöse Sichtweise. Das Heidenchristentum des Paulus ist Pharisäismus minus Judentum. Und eben deshalb so erfolgreich.

Paulus ist Außenseiter, weil er auf *Unterhalt* durch die Gemeinden verzichtet. Es ist sonst weithin Brauch, wie auch Paulus selbst zugibt, daß die Gemeinden ihre Verkündiger ernähren. Denn dem dreschenden Ochsen soll man, wie er aus dem Deuteronomium zitiert, nicht das Maul verbinden. Zweifellos kreuzen sich hier zwei grundverschiedene frühchristliche Auffassungen. Die nicht-paulinische ist auch in den drei ersten Evangelien belegt. Denn in den sogenannten Aussendungsreden statten die Gemeinden die wandernden Boten des Evangeliums mit alledem aus, was diese zum Leben benötigen, aber nicht mitnehmen dürfen. Die Lasten sind daher verteilt; der wandernde Verkündiger verzichtet, aber die Adressaten, seßhafte «Gemeinden», ebenfalls. – Paulus dagegen verfolgt mit seinem Verzicht auf materielle Gegenleistung offenbar ein sokratisches Ideal. Denn darin besteht der Unterschied zwischen dem sokratischen Philosophen und dem Sophisten. Der Sophist läßt sich für seine Gelehrsamkeit bezahlen. Sokrates dagegen verdiente sich (wie Paulus, nur als Steinmetz) seinen Lebensunterhalt selbst. Paulus faßt sich selbst offenbar als Weisen in der Tradition sokratischer Philosophie auf. Das gilt trotz der Verwerfung der Weisheit der Griechen in 1 Kor 1,18–31, denn Paulus vertritt eben die überlegene Weisheit Gottes. Auch für den 2. Korintherbrief hat man Elemente sokratischer Apologetik bemerkt. – Die Gemeinde von Korinth dagegen scheint auch andere Apostel gekannt zu haben und wirft Paulus den Verzicht auf Unterhalt sogar vor – wie man bis heute Pfarrer gerne füttert und beleidigt ist, wenn sie das Futter verschmähen.

Andererseits versteht Paulus auch sein Apostelamt möglicherweise tiefer und radikaler als andere. Jedenfalls setzt er dieses Verständnis «hoch» an, da es sich um eine wirkliche Gemeinschaft im Leiden und Sterben handelt und nicht nur um ein mehr oder weniger symbolisches Mitbegrabenwerden mit

Christus in der Taufe, wie das bei anderen Christen geschieht (Röm 6).

Nur bei Paulus ist – wiederum in den Korintherbriefen – der *Dualismus* so weit vorangetrieben, daß der Teufel der «Gott dieser Welt» genannt wird. Die Ursache für diese Verschärfung liegt in der Kreuzestheologie, der radikalen Umwertung aller irdischen Werte, die am Kreuzesgeschehen greifbar wird. Denn gekreuzigt zu werden, ist nicht nur extrem schmerzvoll, sondern auch die größte denkbare Schande. Wenn der Gekreuzigte der von Gott Erwählte ist, dann bedeutet das für alle anderen irdischen Werte, daß sie ins Gegenteil verkehrt werden. Und umgekehrt wird das Wertlose, wenn Gott es will, besonders von Gott erwählt. Auswirkungen hat dieser theologische Ansatz bis hinein in die Einschätzung von Prestige unter Kirchenführern. In den Aussagen über die «die etwas gelten» in Gal 2,9 hat man oft einen ironischen Ton wahrgenommen, und in 1 Kor 15,10 nimmt Paulus das Wirken der Gnade an ihm zum Anlaß, sich indirekt höher einzustufen als andere zuvor genannte Kirchenführer.

Erstmalig wird bei Paulus die Auferstehung Jesu mit der *Auferstehung der Toten* verknüpft. Das war von der Sache her alles andere als selbstverständlich. Denn eine so weitreichende Stükkelung des endzeitlichen Geschehens der Totenauferweckung war eigentlich im Judentum nicht vorgesehen. Zwar finden sich immer wieder Aussagen über diejenigen, die zuerst auferstehen werden (z. B. das erste Menschenpaar oder die drei bzw. zwölf Erzväter), aber das gilt dann innerhalb des endzeitlichen Geschehens am «Tag Jahwes» und nicht außerhalb seiner. In 1 Kor 15 unternimmt Paulus den großartigen und riskanten Versuch, eine innergeschichtliche Auferstehung mit der noch ausstehenden zu verknüpfen. Jesus Christus ist der Erstling der Entschlafenen. Kol 1,18 und Apk 1,5 werden diese paulinische Konzeption übernehmen; sie setzen sie schon voraus und müssen sie nicht mehr mit Argumenten begründen. Daher haben wir hier ein gutes Beispiel dafür, wie eine Konsequenz entwickelt und dann zum Allgemeingut geworden ist. Neu bei Paulus ist auch die Auffassung, daß Jesus Christus «Herr der Toten» ist (Röm

14,9). Das ist er nicht nur, weil er tot war, sondern weil er tot war und auferstanden ist.

Ergebnis: Die Außenseiterposition des Paulus im frühen Christentum ist einerseits damit begründet, daß er zuvor Pharisäer und Christenverfolger war. Zum anderen ist es wiederum sein Verständnis als Apostel, das ihn offenbar heraushebt. Er ist auf «archaische Weise» Christ, indem er sich «Sklave Jesu Christi» nennt (was sonst kein Christ tat) und mit ihm zu leiden und zu sterben bereit ist (woran Petrus nach Mk 14,31 gescheitert ist). Dazu paßt sein eher sokratisches Berufsverständnis.

Wie man Christ wird

Auch für den Vorgang des Christwerdens ist der Apostel unentbehrlich. Denn im 1. Jahrhundert wird man nicht Christ, weil einem christliche Ideen gefallen und indem man sich eine Bibel kauft. Paulus ist weniger aufgrund des eigenen Weges Vorbild seiner Christen als vielmehr dadurch, daß er die entscheidende, mit Jesus vermittelnde Größe, nämlich dessen Heiligen Geist, in sich trägt «wie einen Schatz in einem irdenen Gefäß» (2 Kor 4,7). Es gibt daher, etwas anachronistisch gesprochen, nach Paulus eine Sukzession der Berufenen, und zwar als Pneumaträger, als Kinder Gottes.

Denn Christwerden im Umkreis des Paulus ist ein Prozeß, der mit der Auferstehung Jesu beginnt: Jesus wird durch Gottes Geist auferweckt (Röm 1,3f) und so öffentlich als Sohn Gottes bestätigt. Der Heilige Geist hat seinen irdischen Leib in einen Auferstehungsleib verwandelt. Er ist als Sohn Gottes Menschen erschienen.

Jesus ist Paulus als Sohn Gottes erschienen (Gal 1,16). Eine solche Erscheinung ist kein Vorgang nur zum Zuschauen, sondern der Visionär wird ergriffen von der «Ausstrahlung» dessen, der ihm erscheint und erhält Anteil an dessen Heiligem Geist. Nach paulinischem Selbstverständnis ersetzt daher die Christusvision jedenfalls für ihn selbst auch die Taufe. Symptom seiner Teilhabe am Geist ist nach 1 Kor 12.14 seine Fähigkeit, «in Zungen» zu reden. Paulus wird als Empfänger dieser Offenbarung zu Jesus bekehrt und zum Apostel; er hat in jeder Hinsicht Anteil am Sohn, eben auch an dessen Sendung von Gott her (Röm 8,3).

Diejenigen, denen Paulus nun als Apostel gegenübertritt, werden einbezogen in ein Epiphanie-Geschehen (1 Kor 2,1–5 «Furcht und Zittern» sind Epiphanie-Elemente wie Phil 2,12f). Denn die Worte formuliert zwar Paulus, doch die «Beweise des Geistes und der Kraft» kommen eindeutig von Gott. So entsteht der Glaube der Adressaten der Mission aus der Kraft Gottes (1 Kor 2,5).

Wer den Glauben geschenkt bekommt, wird in diesem Geschehen von Gott «erkannt», denn Gott begegnet ihm und blickt als sein Schöpfer durch sein ganzes Herz hindurch (Gal 4,9a). Und sofern er keinen Widerstand leistet, wird er von Gottes Heiligem Geist erfüllt. Denn dieser geht vom Apostel in derselben Weise aus, in der er zuvor vom Sohn auf den Apostel ausgegangen war.

Das nennt man Geisttaufe. Diese Geisttaufe steht in welchselnder Beziehung zur Wassertaufe und zur «Taufe auf den Namen» Jesu. Für Korinth scheint Paulus nur die Geisttaufe zu kennen (1 Kor 12,13), die alle empfangen haben; er unterscheidet sie von der Wassertaufe, die er nur Crispus, Gaius und dem «Haus» des Stephanas gegeben hat und von der er sagt, er sei doch gar nicht zum Taufen gesandt worden (1 Kor 1,15–17). Das heißt : Eine Wassertaufe spendet der Apostel nur vereinzelt, die Geisttaufe aber allen. Anders setzt Paulus es möglicherweise für Rom voraus. In Röm 6,3 nennt er nur das Getauftwerden auf (den Namen Jesus) Christus, erwähnt aber den Heiligen Geist gar nicht. Auch in Apg 19,5f werden Geisttaufe und Taufe auf den Namen Jesu unterschieden, wobei letztere offenbar die Wassertaufe ist, während die Geisttaufe nach allgemeinem Verständnis auch ohne Wasser gespendet werden kann (vgl. z. B. Mk 1,8). Wir halten fest: Nach der Auffassung des Paulus werden jedenfalls alle Christen in seiner eigenen Missionstätigkeit mit dem Heiligen Geist getauft, das heißt: Sie werden ganz in ihn eingehüllt.

Die Wendung «sofern er keinen Widerstand leistet» ist mit Bedacht gewählt und ist gleichbedeutend mit «Gehorsam» (Röm 10,3b.16) gegenüber dem Evangelium und mit «Glauben». – An dieser Stelle liegt nun aus der Sicht des Protestantismus seit rund fünfhundert Jahren das Zentrum und Herz paulinischer Theologie.

Bis heute ist es für viele Menschen enorm wichtig, ob der Adressat der Botschaft bei seinem Gehorsam oder Glauben eine aktive Leistung vollbringt oder hauptsächlich passiv ist. Oft gilt, daß eine Aussage im Sinne der Reformatoren um so frommer ist, je geringer der Anteil des Menschen eingeschätzt und dargestellt wird. Doch spätestens dann, wenn das zu der Frage führt, wie hoch der Eigenanteil des Menschen gewissermaßen in Prozenten sei, spätestens dann muß man die ganze Fragestellung als allzu neuzeitlich zurückweisen. Denn wer so fragt, hat keine lebendige Beziehung mehr vor Augen, sondern analysiert sie von außen und zerstört sie dadurch, daß er sie seziert. So wie in einer Freundschaft der eine dem anderen vorwerfen kann, «ich tue hier alles und du tust nichts» oder ähnlich, nimmt einer jedenfalls einen Standpunkt außerhalb des Miteinanders ein, der sachfremd ist. Aufrechnen, in welcher Richtung auch immer, geht an dem gemeinsamen Leben vorbei und macht den Leistungsanteil der einzelnen Partner zum Thema und gerade nicht die Gemeinsamkeit, die verbindende Sache und die gemeinschaftlichen Beziehungen nach außen. Nein, eine intakte Gemeinschaft ist unteilbar. Nicht dann ist einer fromm, wenn er immer nur wiederholt, daß er «mit leeren Händen» glaube, sondern wenn er dieser von Gott initiierten Freundschaft froh wird. Die Betonung der Null-Leistung des Menschen hat bisweilen groteske Züge angenommen. So besteht auch eine ökumenische *correctness* darin, nach jeder Aussage über Glauben oder Leistung als *correctio* hinzuzufügen, daß man ganz korrekt meine, alles sei Geschenk, aber man müsse das Geschenk «wenigstens auspacken». Auf das Auspacken reduziert man dann die Eigenleistung des Menschen wie bei einer Krankenversicherung die Selbstbeteiligung. Diese Rede ist nur scheinbar fromm, weil sie mit dem gelebten Leben nichts zu tun hat.

Um der Rede vom gegen Null strebenden Eigenanteil des menschlichen Partners gerecht zu werden, sei bemerkt, daß sie ihren Ursprung in der monastischen Frage der ausreichenden Demut hat, also in dem gegeißelten stolzen Selbstgefühl, das eine die Tat begleitende Reflexion ist. Diese Bedenken sind zu ihrer Zeit geäußert richtig. Denn wer zuviel von sich hält, ist ungerecht, ganz besonders im Verhältnis zwischen Gott und Mensch. Doch diese Frage von Stolz und Demut, von unangemessenem Selbstwertgefühl gehört nicht in das neutestamentliche Paradigma von Glauben und Rechtfertigung.

Bevor wir uns diesem Thema noch einmal zuwenden, muß, und das ist nicht unerheblich auch für dieses Thema, der Prozeß des Christwerdens bis zu Ende dargestellt werden. Denn wer so, mit seinem gehorsamen Ja dem Drängen des Heiligen Geistes nachgibt und ihn zum Zuge kommen läßt, der erbringt Früchte des Heiligen Geistes. Sie gehören notwendig zu diesem Prozeß hinzu, denn käme es nicht zu den Früchten, so wäre der Glaube eine taube Blüte. Nach Gal 5,6 wird der Glaube «durch Liebe ins Werk gesetzt». Eine ausführlichere Liste dieser Früchte findet sich in Gal 5,22f. Der Begriff der Frucht schließt das organische Verhältnis von Saat und endlichem Resultat ein. Auch Jesus redet von den Früchten, gerade wenn es um das Verhältnis von außen und innen geht, und auch er rechnet dabei mit einem organischen Verhältnis (z. B. Mt 7,16–18). Das moderne Problem, wonach die eigentliche Schwierigkeit darin liegt, sich zur Tat aufzuraffen, bestand hier nicht oder wurde mit dem Bild der Frucht gewissermaßen suggestiv umschifft. Oder es wird etwas Wichtiges vorausgesetzt, das unserer Optik fehlt: Freude und Tatendrang als Merkmale des christlichen Status. Denn wer voll Freude über das ist, was er sein darf, kann spielend leicht handeln. Und wer seinen christlichen Status auch nur annähernd erfaßt hat, wird nicht passiv sitzen bleiben wollen, wenn es in der Nachbarschaft brennt.

Akzeptiert von Gott in seine Familie hinein

Paulus ist, wie er selbst sagt, ein Heiratsvermittler, ein «Brautführer» für Christus. Er gibt nicht nur den Heiligen Geist weiter, sondern er sammelt für Christus dessen Braut zusammen, er organisiert, ja stiftet dessen neue Großfamilie. (2 Kor 11,2: «Ich spiele die Rolle eines Brautführers, ihr seid die Braut. Ich habe euch einem Mann verlobt und will euch unbedingt als unberührte Jungfrau vor Christus stellen.»). Diese Sicht ist auch biographisch bedingt: Das Kriterium für die Zugehörigkeit zur Familie Gottes ist weiterhin das alte pharisäische Ideal von Heiligkeit und Gerechtigkeit.

Mit dem Ausdruck «akzeptiert von Gott» möchte ich die paulinische Auffassung von der Rechtfertigung wiedergeben. Denn die Terminologie der Rechtfertigungslehre ist wie hundert Mal gedroschenes Stroh und einer der Gründe dafür, daß dieses wichtige Thema so wenig Resonanz selbst unter Kirchenchristen findet. Ein Neuansatz ist von einem Verständnis von Gerechtigkeit her zu wagen, das nicht ausschließlich forensisch ist, sondern sich an der alttestamentlichen Auffassung von *sädäq* («gerecht») orientiert, denn «Gerechtigkeit» in diesem Sinne verstanden ist als Konvivenz zu übersetzen. «Konvivenz» ist «Zusammenleben» im Sinne der Bedingungen, die es ermöglichen. Die Gerechtigkeit, die von jemandem ausgeht, besteht darin, daß er anderen ermöglicht und gestattet, mit ihm zusammenzuleben. Insofern ist es genau das Gegenteil der egozentrischen Süchte, die wir Sünde nennen.

Rechtfertigung der Sünder besteht darin, daß Gott die Menschen akzeptiert, und zwar in seine Gemeinschaft hinein. Diese Gemeinschaft ist nicht nur die zwischen dem einzelnen und Gott, sondern sie besteht, wenn es sie überhaupt gibt, von Anfang an immer mit Gottes Familie. Denn die Gemeinschaft besteht aus Gottes Kindern – Metaphern für eine vertraute, innige Gemeinschaft.

Rechtfertgung, Akzeptiertwerden des Menschen durch Gott, ist nicht eine Summe trockener Dogmen, sondern ein wunderbares und dramatisches Geschehen. Der Initiator ist Gott. Er sucht den Menschen auf, er will die verlorene Gemeinschaft mit ihm wiederherstellen. Er sehnt sich danach, daß Menschen fröhlich zu ihm aufblicken können. Er sendet Jesus Christus in die Welt und läßt ihn Vergebung verkünden. Selbst den Mord an Jesus läßt er zum Zeichen der Versöhnung werden. Er liebt die Menschen, auch wenn sie seine Feinde sind. So ist es auch Paulus ergangen. Er hat Jesus noch verfolgt, als dieser schon längst sein Leben für die Menschen gegeben hatte. Nun aber, da Jesus auferweckt wurde, gibt es eine neue Chance, auf Jesus hin an Gott zu glauben. Denn die Auferweckung Jesu ist ein erstrangiges Lebenszeichen Gottes. Das Angebot der Versöhnung und der Teilhabe an der Auferstehung gibt es seitdem, verkündet durch die Apostel und dann auch durch den Apostel Paulus. Glauben auf Jesus hin – das ist hier noch schärfer zu bestimmen: Denn es ist ja nicht nur seine Auferstehung der Anlaß, an Gott neu glauben zu können. In ihm wird auch die Versöhnung angeboten durch sein Blut. Und wer zu ihm gehört, der ist Gottes Kind wie er.

Gott hat viele Vorleistungen erbracht. Nun kommt es im Sinne des Paulus darauf an, das anzunehmen, was er verkündet. Alles, was Gott leistet, wird geschenkt. Dem Menschen bleibt nur, dazu ja zu sagen und treu dazu zu stehen, Stand zu gewinnen in der Festigkeit Gottes, und das nennt man Glauben. Das genügt, mehr will Gott vom Menschen nicht. Das Ja des Menschen und daß er diesem Ja treu bleibt, das wäre des Menschen Beitrag zu dieser erneuerten Gemeinschaft. Damit ist er schon akzeptiert. Genau das heißt Rechtfertigung aus Glauben. Mit einem bereiten (und dann frohen und dankbaren) Menschen will Gott zusammenleben.

Aber was heißt der Gegensatz «nicht aus Werken des Gesetzes» (wird der Mensch gerecht)? Es wäre rein theoretisch vorstellbar, daß es dem Menschen möglich wäre, außerhalb der Beziehung zu Jesus Christus und zu den Bedingungen des Alten Bundes für Gott akzeptabel zu werden. Doch aus vier Gründen geht oder ging das nicht: Erstens benennt die Schrift selbst die Wahrheit, indem sie sagt: Keiner ist gerecht, nicht einer (zit. in

Röm 3,10f). Zweitens haben alle Menschen tatsächlich gesündigt und damit den Tod verdient, wie es Deut 27,26 (vgl. Gal 3,0) sagt. Und drittens waren die Menschen der Qualität nach das, was Paulus «Fleisch» nennt: schwach, suchtgefährdet, vergänglich. In dieser Ausstattung kann niemand Gott gefallen, es sei denn, er würde von Gott selbst mit der Gabe des Heiligen Geistes ausgestattet, und das bedeutet Überwindung der Schwäche durch Kraft, der Suchtgefährung durch Liebe zur Gerechtigkeit und der Sterblichkeit durch die Verheißung der Auferstehung. Viertens hat Gott durch die Sendung seines Sohnes Jesus Christus alles Akzeptiertwerden an den Sohn gebunden. Denn ihn liebt er; Jesus ist der Erbe, und wir haben Chancen bestenfalls als seine Geschwister und Miterben. «Aus Werken des Gesetzes» gerecht werden zu wollen, bezeichnet also eine hoffnungslose Position. Sie ist nur zu vermeiden, wenn man sich im Glauben an Jesus Christus anschließt.

Was aber heißt: «Gott rechnet an zur Gerechtigkeit»? Das heißt: Gott kann den Menschen unter dieser Bedingung akzeptieren, so kann Gemeinschaft mit Gott zustande kommen. Denn sowohl Gott ist «gerecht» – er stellt alle Bedingungen für eine neue Gemeinschaft zur Verfügung – als auch der Mensch, der als «glaubender» sich auf diese Konstellation mit Jesus Christus einläßt (wenn Gott das so anerkennen will). Jesus Christus ist unabdingbar, weil das Ja zu Gott ein Ja zum Anwalt Jesus Christus ist und weil das neue Handeln der Christen herrührt aus der Kraft des Auferstehungsgeistes Jesu Christi.

Im Hintergrund dieser ganzen Rede über Gottes Akzeptieren steht die jüdisch-alttestamentliche Konzeption der Gemeinschaft, in der der einzelne geborgen und gut aufgehoben ist. Ihre Bedeutung geht über alles. Es geht daher hier um eine feste, stabile Beziehung zu Gott.

Hier hat auch der forensische Aspekt der Rechtfertigung seine Bedeutung: Nur in Röm 8,31–39 wird im Zusammenhang der Rede der Rolle Jesu für unser Heil ein forensisches Szenario entwickelt. Demnach ist hier der Ankläger der Menschen (üblicherweise der Satan) verstummt, es gibt nur noch einen Fürsprecher der Christen, und das ist Jesus Christus auf Gottes Thron. Weil er für uns ist, kann uns von der Zuwendung Gottes nichts mehr trennen.

Bei der Ablehnung des Heilsweges des Gesetzes geht es im übrigen nicht um eine Abwehr von «Leistung» «an sich». Denn so besehen wäre auch selbst das leiseste Ja doch wieder eine Leistung. Vielmehr ist Paulus nicht gegen Leistung oder Werke an sich, sondern er kritisiert ein Handeln ohne Christus, weil es nicht Gott gemäß sein kann, sondern immer brüchig und unvollkommen ist. Der Maßstab für menschliches Handeln, das wird aus Phil 3,5–6 ganz deutlich, ist nicht korrekte Gesetzeserfüllung, sondern allein Gott selbst. Ein Handeln ohne Christus, insbesondere seitdem er auf Erden war, ist aus dem einen und einzigen Grunde abzulehnen, weil nur dann, wenn wir alles im Windschatten Jesu Christi tun, alles in seiner bleibenden Unvollkommenheit sofort geheilt ist. Nur dann, wenn wir es auf dieser Basis tun, kann es Gott gefallen.

Daß nichts als die Vollkommenheit und Heiligkeit Gottes selbst der Maßstab ist, erweist Paulus ein weiteres Mal als Pharisäer. Denn die Heiligkeit ist der einzige Maßstab pharisäischen Handelns: Aus diesem Grunde werden zahlreiche priesterliche Vorschriften auf Laien übertragen, und deshalb ist das engelgleiche Leben so wichtig. Nicht das Gesetz zählt, sondern Gott, und in Gottes Sohn haben wir eine Anschauung davon, wie Gott ist.

Berufen in den Bund

Ähnlich wie bei der Anschauung von der Rechtfertigung gebraucht Paulus auch bei der Einstufung des in Jesus Christus geschehenen Neuen als Bund eine Metapher, die im weiteren Sinne juridisch-politisch ist. Nicht nur darin zeigt sich hier seine Biographie, seine Herkunft aus dem Pharisäismus. Vor allem aber ist sein Verständnis von einem Bund stark biographisch gefärbt, weil er das visionäre Element ganz in den Vordergrund stellt. Da er selbst bei seiner Berufung Christi Herrlichkeit gesehen hat, kann er in diesem Zusammenhang die Christen als diejenigen beschreiben, die das von Gottes Herrlichkeit erfüllte Antlitz Jesu Christi sehen (2 Kor 3,18; 4,6) – und von daher auch den «Bund» begreifen. Ging es nicht auch bei Mose darum, daß sein Antlitz die Herrlichkeit des Herrn widerspiegelte, die er gesehen hatte? (2 Kor 3,7–13) Eine heute vernachlässigte Dimension: die ästhetische Kategorie des Schauens der Herrlichkeit Gottes und des Einbezogenwerdens in sie; und das direkt neben den juristischen Begriffen!

Aber wenn der Alte Bund in Herrlichkeit und mit der Folge der Verklärung gestiftet wurde, worin besteht dann das Neue der Offenbarung in Jesus Christus? Paulus erfaßt das überwältigend Neue nicht nur in den personalen Kategorien von Glaube (Vertrauen) und Liebe, sondern auch in der juristischen Bildersprache des Bundes. Diese Sprache bietet sich an, weil das Neue, Christliche sich auf diesem Feld gegenüber dem Alten legitimieren muß. Denn kein Zweifel besteht, daß Gottes Bundesschlüsse mit Israel bestehen bleiben – gedacht ist in Röm 9,4 an den Bund mit Abraham und mit Mose. Und Gott wird auch seinem Volk gegenüber nicht wortbrüchig werden, sondern am Ende seinen Bund erfüllen (Röm 11,27: «Und ich werde meinen Bund mit ihnen verwirklichen, wenn ich ihre Sünden vergebe»). Aber dieser Bund ist der schon novellierte, in den die Heidenchristen bereits einbezogen sind. «Novelliert» heißt: Durch den Messias hat Gott seinen Bund erneuert. Der Neue Bund ist kein fremder Bund, sondern ist der alte in verwandelter, Gott gemäßerer Gestalt.

Der Punkt der Erneuerung des Bundes ist das letzte Mahl Jesu. Nach 1 Kor 11,25 gilt Jesu Wort: «Wenn wir aus diesem Becher den Wein trinken, dann ist das der Neue Bund, der durch meinen gewaltsamen Tod, durch mein Blut, geschlossen wird.» Durch das gemeinsame Trinken des Weines wird die Gemeinschaft derer verwirklicht, die zu Jesus gehören. Dort, wo im Alten Bund das Vergießen des Blutes von Böcken und Stieren steht, gilt jetzt Jesu Blutvergießen am Kreuz. Das Verhältnis von Kreuz und Mahl ist das von Abschluß des Bundes und vorweggenommener Ratifizierung durch die Bündnispartner.

Aber das ist keineswegs schon alles, was über den Neuen Bund zu sagen ist. In 2 Kor 3,6–13 beschreibt Paulus den Inhalt und die Funktion dieses Bundes näher: «Dieser neue Bund ist nicht mit Buchstaben, sondern mit Heiligem Geist aufgezeichnet. Buchstaben sind todbringend, der Heilige Geist aber macht lebendig. Der Bund, der mit Buchstaben in Stein eingemeißelt war, hat Menschen zum Tod verurteilt. Zwar hat Gott diesen Bund, als er ihn stiftete, mit dem Lichtglanz seiner Herrlichkeit ausgezeichnet, so daß die Israeliten Mose nicht ins Angesicht blicken, weil es so hell leuchtete von Gottes Feuerglanz. Aber dieser Glanz war vergänglich und wurde mit der Zeit immer schwächer. Der neue Bund, der durch den Heiligen Geist vermittelt wird, dagegen viel, viel herrlicher. Denn wenn schon der Bund, der zum Tode verurteilt, mit so viel Herrlichkeit vermittelt wird, um wieviel leuchtender muß da der Bund vermittelt werden, der gerecht spricht. Sein Glanz ist so überwältigend, daß der erste Bund daneben ganz matt und glanzlos wirkt. Wenn schon das herrlich war, was doch zugrunde ging, um wieviel herrlicher muß das sein, was bleibt. Weil wir unsere Hoffnung auf das setzen, was bleibt, sind wir sehr zuversichtlich und brauchen es nicht Mose gleichzutun, der sein Gesicht mit einer Decke verhüllte, damit die Israeliten nicht sahen, wie der Lichtglanz gänzlich verging.»

In Ex 34,30 verhüllt Mose sein Angesicht, damit die Israeliten nicht geblendet werden. Der Sinn der Verhüllung ist *im Alten Testament* – im Unterschied zur Meinung des Paulus – nicht die Verschleierung der Vergänglichkeit des Alten Bundes. Daß es darum gehen soll, ist erst *paulinische Interpretation.* Dennoch bestreitet Paulus dem Alten Bund weder den Ursprung von Gott noch die Legitimität noch die Herrlichkeit (den Lichtglanz). Doch dieser Alte Bund bedurfte dringend der Novellierung: Sein Lichtglanz war vergänglich, und diejenigen, mit denen Gott ihn abgeschlossen hatte, mußten sterben. Er war nur ein Bund des Buchstabens, das heißt: In ihm trat den Menschen Gottes Wille nur von außen her gegenüber, als gewissermaßen «fremder Wille», der nicht in ihren Herzen war und nicht mit innerer Begeisterung, wie wir sagen würden, erfüllt werden konnte. Diese Möglichkeit tat sich erst auf, als Ez 36,26f in Erfüllung ging (s. o.).

An dieser Stelle stoßen wir auf die bei Paulus öfter belegte

Opposition von Buchstabe und Geist. Dieser Gegensatz wird im Deutschen zumeist mißverstanden, weil wir ihn unserer Formel vom «Buchstaben oder Geist eines Gesetzes» einordnen. Bei uns ist der «Buchstabe des Gesetzes» etwas am Gesetz, nämlich seine Wörtlichkeit. So meinen wir heute: Wer sich nur am Buchstaben orientiert, der versteht das Gesetz oft nicht richtig. Vielmehr kommt es darauf an, das Gesetz richtig zu verstehen, d. h. seinem Geist nach, seiner wahren Absicht nach auszulegen. Das Problem ist in unserer Sprache bei dieser Wendung die Ebene des Verstehens, und gefordert wird die tiefere Sinnebene. – Soweit zum Deutschen. – Für Paulus liegt jedoch das Problem ganz anders und nicht beim Verstehen des Gesetzes, sondern bei der Fähigkeit des Menschen, das Gesetz zu tun. Wenn das Gesetz nur Buchstabe ist, steht es ihm als eine fremde Forderung nur gegenüber. Wenn es dagegen mit der Gabe des Heiligen Geistes sozusagen in sein Herz gelegt wird, dann wird das Gesetz vom Innersten des Menschen her als sein eigenes Lebensprogramm, zu dem es als Geschenk geworden ist, realisiert. Nicht ein *Verstehen* und eine *Interpretation* des Gesetzes «dem Buchstaben nach» oder «dem Geist nach», sondern die Nähe zum Willen und Herzen des Menschen ist bei Paulus entscheidend. Die paulinische Lösung des Gesetzesproblems läßt sich sehr genau beschreiben: Weil der Heilige Geist als erste Frucht Liebe hervorbringt und weil Liebe schon bei Jesus die Summe des Gesetzes ist, genau deshalb bedeutet die Gabe des Geistes auch endlich die Möglichkeit, das Gesetz zu erfüllen.

Der Inhalt des Neuen Bundes besteht nun wie der des Alten Bundes in der Doppelheit von Bundessatzung und Verheißung. Die Bundessatzung ist – wie in der Botschaft Jesu – die Liebe. Die Bundesverheißung ist hier das ewige Leben. Für beides steht der Heilige Geist. Denn er ist das Prinzip des christlichen Handelns genauso wie er als Gabe das ewige Leben bedeutet.

So unterscheiden wir bei Paulus den Alten Bund (mit den Attributen Vergänglichkeit und Sterblichkeit) und den Neuen Bund (bleibende Herrlichkeit, in die wir immer mehr hineinverwandelt werden). Beim Neuen Bund unterscheiden wir den Akt des Bundesschlusses (Kreuz), die Ratifizierung durch die Teilhaber am Bund (letztes Mahl Jesu), die Bundessatzung (Liebesgebot als Summe) und die Verheißung (ewiges Leben). So kann Paulus sehr genau den Fortschritt der Offenbarung bestimmen. Aus dem Alten Testament greift er dazu den Ritus des Bundesschlusses auf: Blut. Aus Jer 31,31–34 weiß er, daß der Neue Bund ins Herz geschrieben ist. Daß der Neue Bund mit Sündenvergebung verknüpft ist, betonen andere Autoren stärker als Paulus (besonders der Hebräerbrief), für ihn ist die Dimension des Heiligen Geistes wichtiger, da sie radikal zukunftsweisend ist.

Paulus deutet die Erzählung, Mose habe sein Angesicht verhüllt, gegen den Wortsinn des Alten Testaments um. Mose habe sein Gesicht verhüllt, «damit die Israeliten nicht sahen, wie der Lichtglanz gänzlich verging» (2 Kor 3,14). Denn Paulus ist sehr daran gelegen, die Unvollkommenheit des Alten Bundes zu demonstrieren. Und umgekehrt geht er davon aus, daß die Christen unverhüllt auf die Herrlichkeit des Neuen Bundes blicken können, auf Jesus selbst. Aus diesem kontemplativen Hinblikken folgert er eine eigene Konzeption der Verherrlichung: «Weil wir auf den Herrn selbst blicken, der uns den Geist schenkt, werden wir immer mehr in die Herrlichkeit des Herrn hineinverwandelt.» (2 Kor 3,18) Daß Gott sich durch eine Novellierung des Bundes erneut festgelegt hat, bedeutet für die Christen einen ungeheuren Zuwachs an Heilsgewißheit.

Begabt mit Charismen

Paulus weiß sich als Träger von zumindest zwei Charismen, dem der Ehelosigkeit um Christi willen (1 Kor 7,7) und dem der Zungenrede (1 Kor 14,18). Mit einiger Sicherheit betrachtet er seine Briefe als «prophetische» Rede – auch dem Formular (Formeln zu Beginn und Ende) nach haben sie die meiste Ähnlichkeit mit Prophetenbriefen in jüdischer Auffassung. So ist es also recht sicher, daß Paulus auch bei den Charismen von sich selbst ausgeht. Dem entspricht, daß er in 1 Kor 7,7 sein Charisma sogar allen anderen ebenfalls wünscht (man kann nämlich nach Charismen auch streben! 1 Kor 12,31b).

Die paulinische Auffassung von Charismen steht nicht allein im frühen Christentum. In der theologischen Nachbarschaft teilt auch 1 Petr 4,9–11 diese Lehre, und im 2. Jahrhundert findet sie sich originell aufgenommen im Traktat «Interpretation der Gnosis», den wir aus den Funden von Nag Hammadi kennen (übersetzt bei Berger/Nord, 1032ff). In diesem Traktat sind die Charismen einzelner Christen vollends zum innergemeindlichen Problem geworden; es geht nur mehr darum, den Neid zu besiegen. Auch in 1 Kor 12 meldet sich schon das Problem der Einheit der Gemeinde.

Dem Ursprung nach handelt es sich aber weniger um ein Problem, sondern man erblickt am Anfang den Sinn der Charismen in einer missionarischen Funktion. In 1 Petr 4,10f kommt das noch gut zum Ausdruck: «Jeder nutze das besondere Charisma, das er empfangen hat, als besondere, heilsame Gabe, die – für Menschen unerklärbar – auf den Himmel zurückweist. So setzt eure Charismen als Dienste in der Gemeinde um, weil die Gnade Gottes vielfältig ist und Menschen verlangt, die sich in Gottes Haus auskennen. Wenn jemand das Charisma der Rede hat, dann soll er sich bemühen, Worte Gottes zu sagen. Wenn jemand Dienste leistet, soll er sie tun aus der Kraft, die Gott zuteilt. So soll in allem, was ihr tut, Gott verherrlicht werden. Jesus Christus bewirkt diese Verherrlichung als der Mittler zwischen Gott und Mensch. Gott sei die Ehre und die Macht für immer.» Der Text macht deutlich: Es geht um Gottes Verherrlichung und Ehre. In diesem Sinne ist auch Röm 12 aufzufassen, denn hier stellt Paulus die Charismen unter die Überschrift des Gottesdienstes. Und auch dieser hat zuerst die Funktion des Gotteslobes. Gastfreundschaft und Segnen der Verfolger sind in dem dann folgenden Katalog immerhin noch typische nach außen gerichtete Aktivitäten.

Unter missionarischer Aktivität verstehe ich: In einer Zeit, in der es auf das Wirken jedes einzelnen Christen ankam, konnte und mußte sich jeder einzelne als Missionar begreifen. Nicht alle können gut reden, und es gibt manchmal wesentlich glaubwürdigere Fingerzeige in Richtung Himmel als nur schöne Reden. Von daher bestimmt sich auch, was ein Charisma ist, nämlich eine Begabung, bei der die Außenstehenden sagen müssen: Was ist das für eine Kraft, für eine Befähigung oder Vollmacht? So etwas kann einer nicht aus sich heraus, sondern nur von Gott haben. In diesem Sinne sind Charismen direkte «Reklame» für den Himmel.

Es könnte sein, daß diese Funktion der Charismen in Zukunft wiederauflebt. Denn die Kirchen nähern sich mit großen Schritten wieder einer Situation, in der es auf die missionarische Rolle jedes einzelnen ankommt. Nun sind, wie schon deutlich wurde, Charismen nicht beliebige Fähigkeiten. Doch weil sich das, was ein Charisma ist, von der Funktion der Verherrlichung Gottes her bestimmt, gibt es Grund zu der Annahme, daß auch neuere Phänomene das Attribut Charisma verdienen, wie zum Beispiel: gut mit Kindern, Alten und Jugendlichen umgehen zu können, Frieden stiften zu können, den Glauben zu vermitteln, so Theater spielen zu können, daß Menschen in ihrer Seele berührt werden; so offen reden oder beten zu können, daß Menschen hier eine Spur von Gott wiedererkennen. Aber auch innerhalb der Gemeinden könnte die Wiederentdeckung dieser Gaben zur Befreiung von mancherlei Pfarrerlastigkeit führen. Neben die amtsmäßig-hierarchischen Vollmachten sollten viel stärker die geschwisterlich verteilten Charismen gleichen Ranges treten. Während Paulus sichtlich Mühe hatte, die vielfältigen Gaben unter einen Hut zu bringen, käme es heute eher darauf an, daß Menschen in diesem religiösen Kontext ihre Begabungen überhaupt entdecken. Denn Paulus sagt unübersehbar: Grundsätzlich hat jeder Christ ein Charisma. Zu beachten ist, daß das Wort Charisma vielen für ihren schlichten Dienst zu hoch gegriffen erscheint und vorbelastet ist durch Auswüchse bei manchen charismatischen Gruppierungen. Im 1. Korintherbrief sind zwei Probleme mit den Charismen verbunden: Einige fühlen sich angesichts angeblich oder wirklich geringerer Begabungen ausgeschlossen und drohen, aus der Gemeinde zumindest innerlich auszuwandern. Paulus begegnet diesen Ängsten mit dem Bild des Leibes, zu dem auch kleinere und geringere Glieder notwendig dazugehören. Da es sich hier um eine Frage des Prestiges handelt, erweitert Paulus das Bild des Leibes dahin, daß Menschen gerade auch die weniger ehrenvollen Glieder des Leibes (Schamzone) mit besonders kostbaren Kleidungsstücken zu umhüllen pflegen (1 Kor 12,23).

Die andere von einigen Charismen ausgehende Frage ist auch eine des Prestiges, aber noch mehr eine der Ordnung. In 1 Kor 14 wendet sich Paulus gegen ein ungeregeltes Vorführen charismatischer Beiträge von «Zungenrednern» im Gottesdienst. Paulus reagiert hier rigoros und hat wohl durch seine Forderung nach Übersetzen der Zungenrede diese weitgehend selbst zum Erlöschen gebracht.

Zum kirchengeschichtlichen Hintergrund der Zustände in Korinth: Vielleicht hatte Paulus der Gemeinde in der Phase ihrer Gründung noch zu wenig über das Phänomen Kirche gesagt. Es ist vorstellbar, daß er den Kontakt jedes einzelnen mit dem erhöhten Herrn allgemein und auch durch die Charismen stark hervorgehoben, aber die gemeinschaftliche Dimension auf Erden vernachlässigt hatte. Und vielleicht war jeder einzelne ein guter Missionar, aber das «Konzert» klappte noch nicht. Zudem wurden wohl charismatisch besonders exotische Gaben als eine Art Eintrittskarte in die Gemeinde betrachtet, und damit galten sie auch als Indikator des sozialen Ranges. Jedenfalls kann man auch im Blick auf den 1. und 2. Thessalonicherbrief sagen, wo das Wort «Kirche» noch fehlt, daß Paulus das Phänomen Kirche vielleicht auch für sich selbst erst dann richtig entdeckte, als das Problem des Chaos auftrat.

Es könnte generell öfter geschehen sein, daß Paulus erst dann Konsequenzen aus seiner Botschaft entfaltet, wenn sich aktuelle Probleme ergeben; so in 1 Thess 4, wo er angesichts der Frage, was mit den vor der Parusie schon verstorbenen Christen geschehen werde, mit der Auferstehung der «Toten in Christus» herausrückt; in 1 Kor 12–14, wo er zum erstenmal über Kirche und die notwendige Ordnung des Gottesdienstes redet, weil die Notstände in Korinth ihn dazu zwingen; oder im Römer und im Galaterbrief, wo er die Themen Gesetz und Rechtfertigung systematisch miteinander verbindet, die er zuvor bestenfalls gestreift hatte. Daß Paulus damit noch längst kein Opportunist ist, der willig sich nach jedem Lüftchen drehte, dürfte sicher sein.

Theologie des Kreuzes

Der Ausgangspunkt bei Paulus: Kreuz heißt radikale Umwertung und Abwertung alles dessen, was früher galt. Paulus hat diese biographische Wende selbst durchgemacht und verleiht ihr in Phil 3,6–9 unverblümt Ausdruck: «Mit großem Eifer verfolgte ich die Christen und lebte ohne Tadel in der Gerechtigkeit, die das Gesetz verlangt. Doch was ich damals für einen Gewinn hielt, betrachte ich nun – angesichts Jesu Christi – als Strafe. Eigentlich halte ich im Vergleich dazu, welchen überragenden Wert es für mich hat, meinem Herrn Jesus Christus begegnet zu sein, alles andere für Strafe, ja geradezu für wertlosen Dreck, wenn ich nur Christus gewinnen und mich in ihm neu finden kann. In meinem Leben mit Christus verblaßt meine Gerechtigkeit, die an den Kriterien des Gesetzes zu messen war, vollständig. Was zählt, ist allein die Gerechtigkeit, deren Maßstab der Glaube ist, der sich an Jesus Christus entzündet. Das ist die Gerechtigkeit, die Gott mir wegen des Glaubens anrechnet.» Das heißt: Zwischen seiner Vergangenheit als Pharisäer und der Gegenwart als Apostel steht das Kreuz. Es ist Drehpunkt, Wendepunkt, Umschaltung und Umwertung. Auch wenn das Wort «Kreuz» hier nicht fällt, muß man es doch mit Gal 6,14 (Umwertung des Wertes der Beschneidung als Sich-Rühmen im Kreuz) dem Sinne nach hier annehmen.

An dieser Stelle unterscheiden sich Systematische Theologie und Bibelwissenschaft bereits in der Terminologie. Die Systematik und Dogmatik meinen mit Kreuzestheologie alles das, was das Kreuz für das Verhältnis von Gott und Mensch bedeutet, also insbesondere Sühne-, Opfer- und Versöhnungstheologie. Dagegen meint die Exegese nur jene Texte, in denen ausdrücklich von Kreuz und Kreuzigen die Rede ist, und das tut sie mit gutem Recht. Denn keineswegs ist das Kreuz für Paulus das Symbol für Sühne, Opfer oder Versöhnung. Vielmehr ist es beschränkt auf ein immer wiederkehrendes Motiv: Da Kreuzigung die schändlichste Hinrichtung ist, bedeutet es Teilhabe an der Schande des Gekreuzigten, wenn man sich zu ihm bekennt. Sage mir, mit wem du gehst, und ich sage dir, wer du bist. Wer mit dem Gekreuzigten geht, der trägt seine Schande auch an sich selbst wie eine ansteckende häßliche Hautkrankheit im Gesicht und an den Händen. Wer zum Gekreuzigten gehört, ist der Abschaum.

Kein anderer frühchristlicher Autor betont das so stark wie Paulus, obwohl das Herrenwort vom Kreuztragen (Mk 8,34) wohl dasselbe meint. Aber in den Evangelien steht es vereinzelt, bei Paulus ist es auf die ganze Theologie ausgebreitet. Das hat mehrere Gründe: Erstens weiß Paulus als hellenistischer Jude genau, was es heißt, beschnitten und Jude zu sein, denn Juden gelten als Menschenfeinde (1 Thess 2,15b). Zweitens ist Paulus als ehemaliger Verfolger und als letztberufener der Apostel selbst der Meinung, Abschaum zu sein (1 Kor 15,8f). Und drittens ist Paulus extrem sensibel gegenüber sozialem Prestige und seinem Gegenteil. Das Wort «sich rühmen» ist ganz charakteristisch für die paulinische Theologie, und da geht es um das, worauf man sein Prestige gründet.

Paulus reiht sich mit seiner Kreuzestheologie in die dualistische Weltanschauung ein, die in der Weisheitsliteratur und der Apokalyptik vorbereitet wurde und sich in der Gnosis des 2. und 3. Jahrhunderts entfaltete. Dualismus meint: Gott und Welt sind unversöhnlich. Was in der Welt wertvoll ist, ist es bei Gott gerade nicht – und umgekehrt. Traditionell gehört zum Dualismus das Thema Weisheit und Torheit. Denn beides ist unversöhnbar wie Licht und Dunkel. Es ist daher kein Zufall, daß Paulus in 1 Kor 1,18–31 besonders Weisheit und Torheit nennt, wenn er seine Kreuzestheologie entfaltet. Konsequent spricht er von der (scheinbaren) Torheit der Predigt vom Gekreuzigten. Und in diesem dualistischen Rahmen kann er auch die Gemeinde von Korinth ansiedeln, in der es nicht gerade viele gibt, die klug, reich, angesehen oder überhaupt etwas sind. So zeigt er: Die Gemeinde und der Gekreuzigte gehören zusammen auf die «andere» Seite, die immer die andere bleiben wird, aber die die richtige ist, weil es hier um die Werte Gottes geht.

Wie begründet Paulus seinen Dualismus? Durch Hinweis auf Jer 9,22 in 1 Kor 1,31. Dieses Zitat gipfelt in dem Satz: «Wer sich rühmt, der rühme sich des Herrn!» Diese Aufforderung ist bei Paulus eine Variante des Ersten Gebotes. Denn wer Reichtum, Macht, Wissen und Ansehen hat, der baut sein Prestige häufig darauf. Wer nichts davon hat, sieht sich arm und nackt und höchst «unedel» dem gegenüber, der ewige Macht und Weisheit besitzt. Also täte er gut daran, sich mit diesem möglichst eng zu verbünden, denn dann hat er einen mächtigen Freund und Patron, und deshalb ist es einfach gut und bedeutet die beständigste Art von Prestige, sich auf ihn zu berufen.

Kreuzestheologie ist nicht nur eine Konsequenz aus dem Ersten Gebot. Sie bedeutet gleichzeitig auch, daß der Christ alles durchschaut, was zu Spaltungen unter Menschen führt. Das gilt besonders für die Lehrautoritäten, auf die sich einige berufen und so die Gemeinde in Korinth spalten. So sind Parteiungen entstanden. Die Einheit der Gemeinde ist in Gefahr, weil sich unterschiedliche Gruppen auf unterschiedliche Lehrer berufen statt auf den einen Gott. Für diese Lehrautoritäten gelten persönliches Ansehen, Macht, Profilierung auf Kosten anderer. Darin sind sie typische Akademiker (Weise) nach den Maßstäben der Gesellschaft. Paulus zeigt so anhand von 1 Kor 1, wie Abgrenzungen, Kultivierung menschlicher Autoritäten und zerstörerischer Streit zusammenhängen. So ist hier zwar Kreuzestheologie nicht der Weg zur Versöhnung zwischen Gott und Welt, wohl aber der Weg zum Frieden, indem die Maßstäbe der Welt radikal abgelehnt werden.

Darum geht es auch in der Taufe nach Röm 6,6 («mitgekreuzigt»). Die Umkehr, die in der Taufe vollzogen wird, bedeutet ernsthaft und total Abschied zu nehmen von dem, was bisher die Welt und der Mensch in der Welt schätzten. Hier ist das Kreuz nicht nur Zeichen für andere Werte, sondern für die Umkehr und Hinwendung zu ihnen.

Und schließlich spricht Paulus im Zusammenhang der Diskussion um Einführung der Beschneidung für Heidenchristen in Galatien davon, daß für Juden Unbeschnittensein eine Schande ist (Gal 6,13f). Wer daher für die Unbeschnittenheit plädiert, nimmt die Schande der Heiden, und zwar im Zeichen der Schande des Kreuzes auf sich. Paulus argumentiert hier ganz vom Standpunkt des Judentums aus, denn Juden konnten Heiden nur verachten, die nicht das königliche Zeichen der Erwählung an sich trugen. Vom jüdischen Standpunkt aus war ein Heide nicht nur gottlos, sondern auch ohne die Ehre der Auserwählung. Paulus mutet den Galatern zu, auf dieses Zeichen der Ehre zu verzichten. (Er argumentiert nicht damit, daß die Heiden ihrerseits die Juden verspotteten, weil sie beschnitten und damit in ihren Augen verstümmelt waren.) Die Kreuzestheologie des Paulus führt uns in eine dunkle Weltfeindschaft hinein. Diese Feindschaft besteht seit der Kreuzigung Jesu. An diesem Mord haben die Mächtigen der Welt gezeigt, wes Geistes Kind sie sind (1 Kor 2,6–8). Es wäre Christen aller späteren Jahrhunderte zu wünschen gewesen, sie hätten mehr von dieser Weltfeindschaft verstanden. Denn sie ist eine Option für radikale Gerechtigkeit und für die Opfer alles Mordens seit Abel. Sie durchschaut das Gefälle jeder Ansammlung von Macht. Insofern stimmt hier schon der spätere Satz, wonach das Kreuz die einzige Hoffnung ist.

Theologie der Auferstehung

Obwohl man Karfreitag und Ostern niemals auseinanderdividieren darf, ist für Paulus aufgrund seiner Biographie Ostern ungleich wichtiger. Das gilt selbst für die Vergebung der Sünden. Denn in 1 Kor 15,17 kann er sagen: «Wäre aber der Messias nicht auferweckt worden, dann wäre euer Glaube sinnlos. Und ihr hättet eure Sünden behalten (da ja Jesus nicht für euch vor Gott eintreten könnte).» Denn Paulus hat Jesus als den Auferstandenen gesehen. Darauf gründet nicht nur die Bedeutung, die der Heilige Geist und die Gotteskindschaft bei Paulus haben, sondern auch die ganze Zukunftshoffnung, steht doch in deren Mittelpunkt die Auferstehung mit der Umwandlung der Leiblichkeit in «vom Heiligen Geist erfüllte Leiblichkeit».

Doch in der gewöhnlichen Paulusrezeption ist es anders: Mit Kreuzestheologie bringt man Paulus oft in Verbindung – und dann zumeist in mißverstehendem Sinn –, aber kaum je mit Auferstehung. Die Wurzeln dafür liegen nicht bei Paulus, sondern in der Bedeutung der spätpietistischen Mentalität für die Exegese.

Denn insbesondere der am «Realismus» orientierte und antimystisch argumentierende Pietismus des 19. und 20. Jahrhunderts betonte überstark Sünde und Leid. Dieses waren ja vorfindliche Dinge, über die man sich (noch) verständigen konnte. Und wer Defekte aufzeigt, hat immer irgendwo recht. Da ist es mit der schier unglaublichen Tatsache der Auferstehung schon schwieriger. Und nur ganz langsam wächst in pietistisch orientierten Gemeinden das Verständnis für die österlich ausgerichteten Ostkirchen.

Paulus ist Kronzeuge des Auferstandenen, und er leitet daraus Amt und Sendung, Legitimität und Vollmacht des Apostels ab. Weil das für ihn so wichtig ist, nennt er rund 530 Zeugen in 1 Kor 15,1–11. Er ist darüber nicht so erhaben wie Theologen des 20. Jahrhunderts , die meinten, auf die Zeugen leicht verzichten, ja ihre Nennung verachten zu können. Er weiß, daß Menschen auf das Zeugnis anderer Christen angewiesen sind.

Da Paulus Jude ist, kann es für ihn Auferstehung nur leibhaftig geben. Auch der Auferstandene hat einen Leib, einen durch den Heiligen Geist umgewandelten Leib (griech.: *soma pneumatikon*). Auch schon der Christ, der nach dem Tod bei Christus ist, wie Paulus sich den Zwischenzustand denkt, hat einen verwandelten Leib und ist nicht ein armes Gespenst. Er ist noch nicht auferstanden – Auferstehung ist erst dann anzunehmen, wenn alle Spuren des Todes verschlungen sind in den Sieg des Christus (1 Kor 15,54f). Das Bild des Verschlingens führt hier weiter. Denn das Verschlungene ist gänzlich absorbiert und umgewandelt in das Neue. Dabei bleibt zwischen irdischem Leben und globaler neuer Schöpfung durch den Zwischenzustand hindurch die persönliche Identität (der «Name») erhalten. Daher konnte man Jesus an den Wundmalen erkennen.

Auferstehung ist für Paulus die Überwindung aller schmerzlichen Grenzen, der zwischen Geschlechtern und Völkern, zwischen Oben und Unten in der Gesellschaft und zwischen Juden und Heiden, vor allem aber der Grenze des Todes. Daher ist Auferstehung eigentlich nichts anderes als Verähnlichung mit Gott. Dieses pharisäische Thema ist ihr Ort. Alles Leben hat keinen anderen Sinn als diesen: mit Gottes Gnade Gott ähnlich zu werden. Denn nur so kann man vor ihm und mit ihm ewig bestehen. Die Auferstehung als Verwandlung ist der wichtigste Schritt dahin.

Man hat oft bemerkt, daß Paulus das leere Grab nicht kennt und daraus die Schlußfolgerung gezogen, die entsprechenden Berichte in den Evangelien seien späte Legenden – als ob es nicht verschiedene Traditionen geben könnte und alles im frühen Christentum nur logisch folgerichtig aufeinander aufbaute. Im übrigen aber ist der Rückschluß auf das leere Grab bei Paulus zwingend. Denn im Unterschied zu den Christen, die nach ihrem Tod bei Jesus sind und deren Leib in der Erde liegt, ist Jesus leiblich auferstanden, und damit gilt von seinem Auferstehungsleib, daß alles Tote darin verschlungen ist (1 Kor 15,54bf). Wenn Paulus in 1 Kor 15 von der Verwandlung spricht, dann setzt dieses ein etwas voraus, das verwandelt wird, nämlich den alten Leib, der nachher nicht mehr da ist. Wenn Paulus sagt, die zum Zeitpunkt der Wiederkunft Jesu Lebenden würden verwandelt, dann setzt das voraus, daß sie ganz in der neuen Leiblichkeit aufgehen. Es schließt aus, daß neben dieser neuen Leiblichkeit ihr alter Körper weiterbesteht und zerfällt. So ist es auch bei der Auferstehung Jesu vorauszusetzen. Zudem kennt das Judentum keine Auferstehung, die nicht leibhaftig wäre.

Die Auferstehung bedeutet aber nicht nur Bewahrung der Identität des Menschen und Verwandlung seines Leibes. Sie hat auch umfassende heilsgeschichtliche und kosmologische Bedeutung. Hier wird für den jüdischen Theologen Paulus der Traum wahr, daß der universale Horizont des jüdischen Glaubens an den Schöpfergott am Ende zur Deckung gelangen möchte mit dem Lauf der Geschichte. Denn es konnte doch nicht sein, daß der Schöpfergott von globaler Bedeutung nur seinem eigenen Volk bekannt war und nur hier angebetet wurde. Die Weltgeschichte verlangt geradezu danach, daß der Schöpfer des Universums auch universal anerkannt wird.

Zwei Stichworte sind in diesem Zusammenhang wichtig: Adam und «neue Schöpfung». Adam und Jesus Christus sind ähnlich und unähnlich. Sie sind ähnlich, weil jeweils von einem Menschen das ganze weitere Geschick der Menschheit (und mehr) abhängt und weil dieses sehr grundsätzlich Leben und Tod, Gerechtigkeit und Ungerechtigkeit betrifft. Beide sind aber auch ungleich. Denn das, was der eine zerstört, hat der andere wiederhergestellt (Leben/Tod), der eine ist ungehorsam und der andere gehorsam, und wo bei dem einen (Adam) nur eine Tat steht, gibt es bei dem anderen eine Überfülle an Zuwendung Gottes. Die Folgen des zweiten Adam sind gewichtiger als es die des ersten Adam waren, sie sind kräftiger und durchdringender, denn hier geht es jetzt um Gott.

Aber das Thema ist nicht nur der Mensch, sondern auch die außermenschliche Kreatur, die unter dem Menschen grundsätzlich zu leiden hatte und hat. Denn außer 1 Kor 15 und Röm 5 gibt es noch eine weitere Adam-Stelle bei Paulus, die zumeist übersehen wird, nämlich Röm 8,19–21: «Denn die ganze Schöpfung vergeht vor Sehnsucht danach, daß Gottes Kinder endlich in dieser Herrlichkeit vor aller Augen treten. Adam hat das Gebot, sich die Schöpfung untertan zu machen (Gen 1,28b) leider so erfüllt, daß er sie ungefragt durch seinen Sündenfall dem Tod und der Vergänglichkeit unterworfen hat. Aber wenn die Schöpfung durch den Menschen und mit ihm in den Tod hineingerissen wurde, kann sie, so hoffen wir, auch wie die Kinder Gottes vom Joch der Vergänglichkeit frei werden und teilhaben an der wunderbaren Freiheit vom Tod.» Für Paulus ist die Auferstehung Jesu der Beginn der zweiten Etappe von Gottes Schöpfung, die Paulus «neue Schöpfung» nennt, also neu geordnete, verwandelte, von Tod und Verzweiflung befreite und gereinigte Schöpfung. Indem Paulus vom ersten und vom zweiten Adam spricht, setzt er voraus, daß Gott mit der Erschaffung der Welt noch nicht zuende gekommen ist. Vielmehr entsprechen der erste und der zweite Adam den beiden Adamfiguren in den beiden Schöpfungsberichten in Gen 1–2. Paulus sagt: Nein, man darf die biblischen Berichte nicht im Sinne einer Abfolge von erst und dann lesen. Dann endet man bei einem Dekadenzschema, wie es das hellenistische Judentum in Gen 1–2 las. In Gen 1 wurde nach dieser jüdisch-platonischen Lektüre des Textes der geistige Adam erschaffen, in Gen 2 der körperliche Adam aus Staub. Nein, sagt Paulus, man muß umgekehrt lesen. Zuerst ist der Adam geschildert, der zuletzt kommen wird, nämlich der Mensch nach Gottes Ebenbild, und dann ist die Erschaffung dessen berichtet, der zuerst geschaffen wurde, des Menschen aus Erde. Diese Lesart ist für die damaligen Leser ungewöhnlich und für die heutigen abenteuerlich. Die Sache wird davon nicht berührt: Paulus ist überzeugt, daß mit Jesus Christus Gottes zweiter, kräftigerer Anlauf zur Erschaffung der Welt begonnen hat und daß schon die Bibel davon redet. Und neue Schöpfung bedeutet nichts weiter als eine Schöpfung ohne Tod und Grenzen. Die Sendung und die Auferstehung Jesu sind für ihn der Anlaß, so zu sprechen.

Paulus zieht aus dem einen Ereignis vom Ostermorgen, wie er es visionär erlebt hat, globale Konsequenzen. Denn wenn es wirklich wahr ist, daß Jesus auferstanden und erschienen ist, dann ist «tot» nicht mehr gleich «tot». Wenn Gott einmal den Tod besiegt hat, dann bedeutet das das Ende der universalen mächtigen Herrschaft des Todes. Es wäre in der Tat die größte Revolution, die je in der Geschichte des Kosmos war. Paulus hat die angemessene Konsequenz aus dem Unbegreiflichen und Unvorstellbaren gezogen.

Inkarnation und Interzession

In diesem Abschnitt steht noch einmal der «Gerechte» als das Ideal des jüdischen Menschen vor Gott im Mittelpunkt. Für Paulus ist Jesus «der Gerechte» schlechthin, und das ist ohne Zweifel von seiner eigenen jüdischen biographischen Vorgeschichte her der Zugang des Apostels Paulus zu Jesus. Denn über sich selbst sagt Paulus in Phil 3,4–6: «Wenn es um die jüdischen Kriterien geht, so wird mich kaum jemand darin überbieten können: Acht Tage nach meiner Geburt wurde ich beschnitten, ich stamme aus dem Volk Israel, dem Stamm Benjamin, bin Hebräer aus hebräischer Familie, was die Einhaltung des Gesetzes betrifft, bin ich Pharisäer. Mit großem Eifer verfolgte ich die Christen und *lebte ohne Tadel in der Gerechtigkeit, die das Gesetz verlangt.*» Paulus meint damit, daß ihm rein äußerlich niemand etwas vorwerfen konnte. Mit Jesus ist ihm freilich aufgegangen, daß es mehr gibt als die Gerechtigkeit, die man im Vergleichen mit dem Maßstab des Gesetzes feststellen kann. Es gibt auch die Gerechtigkeit, die vor Gott zählt. Um diese bemüht sich Paulus jetzt, doch zugleich weiß er, daß diese ungleich «anspruchsvollere» Gerechtigkeit niemand von sich aus erreichen kann. Denn wer könnte Gott schon genügen? Es trifft nicht zu, daß Paulus am menschlichen Leben Jesu vor der Kreuzigung kein Interesse gehabt hätte, und es ist genauso falsch anzunehmen, nach der Auferstehung Jesu und seinen Erscheinungen sei über ihn «nichts mehr zu melden». Leider hat sich die Forschung ganz ungebührlich intensiv auf Karfreitag und Ostern konzentriert. Die theologische Bedeutung der Menschwerdung ist: In diesem Menschen wohnte Gott und ist leibhaftig als die Macht über Sünde und Tod unter den Menschen gegenwärtig.

Im einzelnen weiß Paulus: Gott hat seinen Sohn zu uns als einen sterblichen Menschen geschickt. Er ist Jude und aus Davids Geschlecht, er hat eine jüdische Mutter und hat nach dem jüdischen Gesetz gelebt, er hat sein Leben den Menschen geschenkt und war Gott gehorsam bis zum Tod. Durch seine makellose Gerechtigkeit und Unschuld hat er die Sünde entmachtet. Denn zuvor herrschte sie ungehindert über alle Menschen. Nun aber war einer darunter, über den sie keine Macht hatte. Damit ist prinzipiell die Herrschaft der Sünde durchbrochen, so wie durch die Auferstehung Jesu die Weltherrschaft des Todes prinzipiell abgelöst ist. Es kommt immer auf den einen an, der genügt, um das allgemeine Prinzip zu durchbrechen. Der Weg zum Kreuz ist ein Weg von Niedrigkeit und Gehorsam. Das Wichtigste: Der von Gott Gesandte ist Mensch und kann daher stellvertretend im Tod für uns eintreten.

Auch die Auferstehung Jesu ist nur ein Anfangspunkt. Sie leitet Jesu Erhöhung bzw. sein Sitzen zur Rechten Gottes ein. Die Erhöhung zum Kyrios («Herr», Träger des Namens Gottes) bedeutet: Gott hat ihn über alle Kreatur erhöht (Phil 2,9–11), auch über alle Mächte und Throne und Gewalten (1 Kor 15,24). Gott hat ihm seinen Namen «Kyrios» gegeben (Phil 2,9b). Entgegen modernen Mutmaßungen hat er sich damit nicht einen Konkurrenten ins Haus geholt oder einen zweiten Gott geschaffen. Vielmehr dient es der Verherrlichung Gottes (Phil 2,11b), wenn Gott seinen Namen auch anderen mitteilt. Dadurch wird seine Herrlichkeit größer, denn der «Erstreckungsraum» seiner absoluten Gegenwart wächst. In diesem Fall: Er wächst durch und in Jesus.

Einer von uns Menschen ist bei Gott «angekommen». Das ist ein großer Trost für die Menschen. Das Neue Testament faßt dieses im juristischen Bild der Fürsprache; nicht zum ersten Male stellen wir hier die Bedeutung juridischer Metaphorik für Paulus fest. So wie ein Rechtsanwalt oder Patron für uns bei Gott eintritt, so «sitzt» Jesus zur Rechten Gottes (auf dem Ehrenplatz) und trägt unsere Not vor Gott. Denn so wie Gott in der Inkarnation unter den Menschen präsent wurde, so ist in der Erhöhung und bei der Interzession jetzt etwas von den Menschen in Gott aufgenommen. Damit läßt Gott deren Anliegen und Nöte in sich selbst zu.

Für die Sünden gestorben

Die am weitesten gehende Aussage des Apostels Paulus über den stellvertretenden Tod Jesu hat mit seiner Biographie zu tun. In Röm 5,10 sagt Paulus: «Denn damals, *als wir noch Feinde Gottes waren*, hat Gott den Tod seines Sohnes als Stellvertretung gewertet, und dadurch wurden wir mit ihm versöhnt. Nach dieser Versöhnung werden wir dann um so leichter durch das Leben des Auferstandenen das endgültige Heil erlangen.» Für Paulus ist die vollzogene Versöhnungstat das Wichtigere, damit sind die Menschen «über den Berg». Das Leichtere kommt. Dieses Schlußverfahren vom Schwereren auf das Leichtere (*a maiore ad minus*) ist in der Umwelt des Paulus geläufig. Paulus kann es auf diese Weise gelingen, Hoffnung zu wecken. Der Ausdruck «als wir noch Feinde Gottes waren» ist nur biographisch verständlich (vgl. z.B. 1 Tim 1,13) – und wohl auch so, daß Paulus als Gottesfeind sich mit der heidnischen Vergangenheit (vgl. Kol 1,21: «Ihr wart einst Feinde») eines Großteils seiner Leser in Rom identifiziert.

Im Unterschied zur Kreuzestheologie (siehe oben) geht es jetzt um die Überzeugung des Paulus, Jesus sei «für unsere Süden gestorben gemäß der Schrift» (1 Kor 15,3). Paulus hat diese Aufassung, wie er selbst sagt, übernommen. Das ist indes kein Grund, sie ihm abzusprechen, sonst hätte er sie nicht übernommen und würde er sie kaum als zentralen Bestandteil seines Evangeliums bezeichnen. Verschärft kommt die Meinung des Paulus in Röm 3,24f zum Ausdruck: «Und wie werden alle gerecht? Dadurch, daß Gott gnädig etwas schenkt. Denn Jesus Christus hat die Menschen befreit. Wie und warum? Den gewaltsamen Tod Jesu hat Gott als Anlaß genommen, um Jesus Christus für alle und öffentlich zum Ort der Vergebung zu machen. So hat Gott bewiesen, daß er selbst gerecht ist, indem er die Sünden, die die Menschen vorher begangen hatten, nachsichtig vergeben hat. Diese Vergebung wird dem einzelnen dadurch zuteil, daß er an Jesus als ihren Vermittler glaubt.»

«Ort der Vergebung» hieß im jüdischen Tempel der Deckel der Bundeslade. Auf ihr sammelte sich, so war die Vorstellung, im Laufe jedes Jahres wie von einem Magneten angezogen die gesamte Schuld Israels. Dieses war der heiligste Ort, Gottes Thron auf Erden. Daher war hier die Schuld anzutreffen, und zwar in geradezu dinglicher Intensität, und zu beseitigen. Dieser Ort der Vergebung ist nun Jesus. Auf ihm hat sich, weil er der heiligste und gerechteste Mensch ist, alle Schuld angesammelt, er ist «zur Sünde» (2 Kor 5,21), «zum Fluch» (Gal 3,13) geworden, und so konnte sie durch seinen stellvertretenden Tod insgesamt beseitigt werden. Er hatte diesen Tod als einziger nicht verdient. Deshalb konnte er die Schuld stellvertretend für andere beseitigen. Auch hier geht es wieder um den einzigen, der das Allgemeine durchbricht und damit eine neue Zeit heraufführt.

Diese dicht gedrängt wiedergegebene Lehre des Paulus hat zwei Grundvoraussetzungen: erstens, daß Stellvertretung möglich ist: Menschen geben zugunsten anderer ein kostbares Gut (Kraft des Gebets, Fasten, ihr Leben) an Gott, in der Hoffnung, daß er sich freut, wenn ein Mensch etwas für den anderen tut. Die zweite Voraussetzung ist, daß Jesus der absolut Gerechte war. Wir haben bereits gesehen, daß Jesus seine Fürsprecher-Funktion als Erhöhter bei Gott fortsetzt.

Etwas anderes ist die moderne Frage, ob der Tod Jesu *nötig* war, weil *nur so* Sünden vergeben werden konnten. Hierzu gibt es recht abenteuerliche Antworten über den Zwang, dem sich Gott ausgesetzt sah, nur so seine Ehre wiederherstellen zu können oder einen für alle bestrafen zu müssen, als ob sich Gott gewissermaßen in seinen eigenen Vorstellungen von Satisfaktion (Genugtuung) und notwendiger Bestrafung wenigstens des einen verfangen hätte und sich durch einen Gewaltstreich aus den selbst gelegten Fesseln befreite. Bedeutete dieser Gewaltstreich, daß Gott Jesus schlachtete, der Vater den Sohn «schlug» und opferte? Diese merkwürdigen Gottesbilder sind in der Regel von Nicht-Exegeten ersonnen worden, die ihren Blick nur auf die Kreuzigung fixiert haben. – Ein Blick auf die Evangelien im ganzen lehrt vielmehr, daß Jesus bzw. Gott regelmäßig auch zur Sündenvergebung in der Lage sind, ohne daß auf Jesu Tod Bezug genommen würde. Jesus sagt dem Gelähmten: Deine Sünden sind dir vergeben. Er spricht vom Vater des verlorenen Sohnes, der seinen Sohn wieder in die Arme schließt. Er haucht die Jünger an und verleiht ihnen so Vollmacht zur Sündenvergebung – alles, ohne daß das Kreuz auch nur erwähnt wird. Johannes der Täufer spendet eine Umkehrtaufe «zur Vergebung der Sünden», bevor Jesus auftritt. Daher ist die Frage zu stellen: Wozu ist dann noch vom stellvertretenden Tod Jesu zur Vergebung der Sünden zu sprechen? – Die Antwort: Beides steht parallel nebeneinander, Gottes freie Vergebung und die «geregelte» Vergebung durch das Geschehen am Kreuz. Die freie Vergebung geschieht auf ein Wort oder Gebet hin – wie schon nach den Psalmen des Alten Testaments. Die geregelte Vergebung geschieht in Stellvertretung und ist ein Bundesschluß. Beide Arten von Vergebung sind nicht gegeneinander auszuspielen, sondern bestätigen einander. Die Vergebungsbotschaft Jesu vor Ostern wird nach Ostern von Gott gewissermaßen bekräftigend und als Akt der Feindesliebe gegenüber den Mördern wiederholt. «Blut» und «Stellvertretung» sind traditionelle Kategorien, die diesen Akt der Sündenvergebung durch Gott erhellen können. Es kommt nur darauf an, diese angebotene Vergebung anzunehmen.

Wenn Paulus dagegen von «Versöhnung» spricht, also präzis das griechische Wort *katallass-** gebraucht, dann deutet er das Geschick Jesu. Er gebraucht hier Bilder politischen Ursprungs, und er kennt ein ganzes «Wortfeld», das dazugehört: Versöhnen, Friede, Feindschaft, Zorn, hinzutreten zum Thron, einst – jetzt, universale Aussagen (nicht nur die Juden!), Blut, Gesandter. Das Wortfeld rührt her aus der hellenistischen Diplomatie, wo es eine Aufgabe des Friedensstifters war, in die Audienz beim zornigen Feind vorzudringen und um Frieden zu bitten. Von Alexander dem Großen konnte man auch sagen, er habe Völker miteinander versöhnt, die zuvor Feinde waren.

Diese Bestimmung des Wortfeldes ist zwar hilfreich, doch der Tod des Mittlers sprengt das traditionelle Feld. Es gibt nun verschiedene Möglichkeiten, das Blickfeld zu erweitern: Soll die Rede vom Tod Jesu sagen: Hier zahlte einer Reparationen mit seinem Leben? Oder soll sie besagen: Nun muß das Sterben ein Ende haben, nachdem auch dieser Sohn des Königs noch hat sterben müssen? Oder heißt sie: Obwohl der Gesandte getötet wurde, ist Gottes Friedenswille doch stärker? Der Tod Jesu ist instrumental gedacht: Durch den Tod seines Sohnes wurden wir mit Gott versöhnt (Röm 5,10), durch den Sohn haben wir Versöhnung empfangen. Paulus kann die Korinther auffordern: Laßt euch versöhnen mit Gott! – Nach Eph 2,16 tötete der Gekreuzigte die Feindschaft in sich, d. h. durch sich selbst. Kann man sagen: Die Feindschaft, das ist die tödliche Differenz zwischen Gott und Mensch, sie ist Sünde und Tod des Menschen? Gilt im Sinne der alten Osterliturgie: Durch sein Sterben hat er den Tod vernichtet? Dann wäre das Ziel des Todes Jesu, daß die Menschen Gott ähnlicher würden (was wir schon öfter als das Ziel paulinischer Aussagen erkannt haben), indem sie sich durch Jesu Tod Sünde und Tod nehmen lassen. Dann liefe es aber auch hier auf eine Stellvertretung hinaus.

Der Heilige Geist

Die Berufungsvision des Paulus bedeutet für ihn Anteilhabe am Heiligen Geist, und wir hatten schon von der apostolisch vermittelten Sukzession der Pneumaträger gesprochen. Damit wird die biographische Verankerung auch dieses Abschnitts deutlich.

Gerade die protestantische Theologie hatte paulinische Kreuzestheologie und den stellvertretenden Sühnetod Jesu stark betont, so aber auch schon die mittelalterliche Leidensfrömmigkeit. Fast völlig dahinter zurückgetreten ist der Heilige Geist. Er ist für Paulus genauso wichtig wie Jesus Christus. Das betrifft vor allem drei Punkte: Zum einen finden sich bei Paulus erste Ansätze dazu, daß der Heilige Geist eine eigene Person ist. Zum zweiten gibt es bei Paulus ein sorgsam austariertes Gleichgewicht zwischen Aussagen über Jesus und solchen über den Heiligen Geist. Zum dritten kann man mit Paulus die gesamte Erlösungslehre einschließlich Ethik und Eschatologie als ein Bekenntnis zum Heiligen Geist lesen.

Die Ursache für diese einzigartige Rolle des Heiligen Geistes bei Paulus ist, daß für ihn der Heilige Geist nichts weniger ist als der in den Menschen anwesende Gott. Geistesgegenwart ist Gegenwart Gottes. Gott ist nicht nur in Jesus Christus Mensch geworden (wie es das *Te Deum* sagt: «Du scheutest nicht zurück vor dem Schoße der Jungfrau, um die Menschheit zu retten»), sondern ist sich nicht zu schade, als Heiliger Geist in jedem einzelnen Christen zu wohnen. Das gibt es erst seit Jesus Christus. Jedenfalls nach Paulus gibt es vor Christus, auch im Alten Bund, kein Wohnen Gottes als Heiliger Geist in den Menschen.

Zum ersten Punkt: Indem der Heilige Geist für die Menschen bei Gott eintritt und ihr Anwalt ist (Röm 8,26f), handelt er gewissermaßen selbständig gegenüber dem, der ihn gesandt hat. Das Prinzip der Einbahnstraße ist durchbrochen. Der Heilige Geist ist nicht nur zu den Menschen gesandt, ist nicht nur Gabe Gottes an die Menschen, sondern wendet sich als Gottes Geist bei den Menschen mit deren Anliegen und Gebeten Gott zu. Er wird Patron derer, zu denen er gesandt ist. Er dreht sich, vom

Himmel gesandt, gewissermaßen um und fleht zu dem, der ihn gesandt hat, für die Menschen. In diesem Bild, das Paulus in Römer 8 gebraucht, wird etwas über Gott selbst gesagt: Er verzichtet um der Menschen willen auf die Durchsetzung seines eigenen Rechts, er nimmt in sich selbst für uns Partei, hört auf unseren Anwalt, der in ihm selbst ist, der er selbst ist. Zweifellos liegen hier die Anfänge der späteren Trinitätstheologie.

Zweitens gibt es ein Gleichgewicht zwischen Sohn und Heiligem Geist. Die spätere Theologie hat dieses Gleichgewicht oft nicht bewahrt. Schon der Kolosserbrief konzentriert sich ganz auf den Tod Jesu und spricht kaum noch vom Heiligen Geist. Wie dagegen Paulus denkt, wird besonders deutlich in Röm 5 und in Röm 8. Nach Röm 5,5 ist Gottes *Liebe* durch den Heiligen Geist, der uns geschenkt ist, in unsere Herzen ausgegossen. Das begründet unsere *Hoffnung*, und unser *Ruhm* liegt gerade in der Drangsal. Nach Röm 5,8 dagegen hat Gott seine *Liebe* zu uns erwiesen, indem Jesus Christus stellvertretend für uns starb, als wir noch Feinde waren. Und das hat etwas mit Hoffnung zu tun, weil wir *in Zukunft* gerettet werden. Unser *Ruhm* liegt bei Gott, durch den wir versöhnt sind. – Sowohl in den Aussagen über den Heiligen Geist als auch in denen über Jesus Christus geht es um Liebe, Hoffnung (Zukunft) und Ruhm. Beim Heiligen Geist geht es um das *eigene* Leiden der Christen, bei Jesus um seinen *stellvertretenden* Tod. Nach Röm 8 haben die Christen zwei Anwälte bei Gott: Den Heiligen Geist in ihren Herzen, der ihre Gebete vor Gott trägt, und Jesus Christus zur Rechten Gottes. Beide Male gebraucht Paulus dasselbe Verb «eintreten für jemanden» (Röm 8,27.34). Er denkt an zwei Anwälte, weil zu jeder Rechtssache zwei Anwälte oder Zeugen nötig sind (Deut 19,15).

Und drittens läßt sich alle Theologie nach Paulus auch als Pneumatologie lesen. Das heißt: Die neue Schöpfung, die mit der Sendung des Sohnes beginnt und mit seiner Auferstehung öffentlich wird, zielt am Ende darauf, daß die ganze Welt Anteil an Gottes unvergänglichem Leben hat. Vom zweiten Adam, Jesus Christus, spricht 1 Kor 15,45f: «Der erste Adam hatte nur ein sterbliches Leben. Der letzte Adam dagegen ist voll von Heiligem Geist, der göttliches Leben schenkt. Also gab es keineswegs erst das göttliche Leben aus Heiligem Geist und dann das schwache irdische Leben, sondern zuerst gab es das schwache irdische Leben.» Die erste Schöpfung mit dem schwachen Leben wird abgelöst durch die zweite, vollkommenere Schöpfung mit Leben aus der Kraft des Heiligen Geistes.

Der Weg zu dieser erneuerten Schöpfung führt über das Handeln aus der Kraft des Heiligen Geistes und die durch eben diesen Heiligen Geist bewirkte Auferstehung. Wer also diese Kraft in sich stark werden läßt, indem er sich zum Handeln durch sie antreiben läßt, den wird sie auch auferwecken. Wenn die neue Schöpfung am Schluß darin besteht, daß Gott alles in allem ist (1 Kor 15,28), dann heißt das: Alles wird mit Leben erfüllt, der Tod hat keinen Raum mehr. Gott ist als Heiliger Geist in allen Dingen. Die Gotteskindschaft aller Christen wird der Maßstab für das Ergehen der ganzen Kreatur. Gottes Kind aber wird man durch den Heiligen Geist, und das ist im ganzen Neuen Testament nirgends anders.

Sakramente

Paulus folgt dem Herrn buchstäblich nach: durch Wanderapostolat, durch zahlreiche Leiden und am Schluß durch das Martyrium. Der Gemeinde wird die Nachfolge des Herrn auf geheimnisvoll verborgene Weise durch die Sakramente «zugeeignet». Denn an der Stelle des wörtlichen Mitgekreuzigtwerdens steht dessen symbolische Abbildung in der Taufe (wobei freilich nicht an leere Symbolik gedacht ist). Und die Einheit mit dem Herrn, die Paulus als «rechte Hand Gottes» darstellt, der als «Duft Christi, ... zu den Menschen dringt» (2 Kor 2,14f), feiert die Gemeinde ihrerseits für sich im Herrenmahl. Dabei wird sie unsichtbar mit dem Herrn zu einem Leib vereinigt. Und dem, was in den Sakramenten *punktuell* und symbolisch angedeutet wird, entspricht dann «auf die Dauer» (*durativ*) das christliche Leben in seiner Erstreckung, und zwar sowohl der «Substanz» nach als auch moralisch. Die Sakramente sind in dieser Hinsicht die Art, in der seßhafte Ortsgemeinden Anteil haben an demselben

Herrn, an dem der Apostel auf seine – andersartige, weil wörtlichere – Weise teilhat.

Taufe und Herrenmahl tragen noch keine gemeinsame Bezeichnung bei Paulus. Aber unübersehbar ist ihre parallele Funktion. Denn nach 1 Kor 12,13 sind alle durch den einen Heiligen Geist in den Leib des Herrn, d. h. die Kirche, hineingetauft. Dem entspricht, daß nach 1 Kor 10,17 alle durch das eine Brot teilhaben an dem einen Leib (Christi). In jedem Falle ist es eine Gabe (Geist oder Brot), durch die die Christen dem einen Leib Jesu eingefügt werden. Sollte die Geisttaufe hier schon eine mit Wasser vollzogene Taufe sein, dann wären es sogar zwei Elemente, die den Christen gereicht würden.

Daß sie dieselbe Funktion der Eingliederung in den Christusleib haben, machte eine Abgrenzung der Sakramente voneinander nötig. Noch im 1. Jahrhundert wird in der sogenannten Didache (Lehre der Zwölf Apostel 9,5) festgesetzt, daß am Herrenmahl nur Getaufte teilnehmen dürfen. Das Herrenmahl ist damit der Taufe nachgeordnet. Es befestigt dasselbe linear, was in der Taufe punktuell vollzogen wurde.

Beide Sakramente sind überdies Zeichen der Einheit, denn als ihr «Produkt» ist in jedem Falle die Gemeinde aller derer gedacht, die einheitlich an dieser gemeinsamen Gabe Anteil haben. Es wird daher deutlich, wie eng im Falle der Sakramente die eine, für alle gleiche Gabe und die Frucht einer geschwisterlichen Kirche zusammenhängen.

Man kann fragen: Wozu überhaupt diese Symbolgesten? Wichtig ist dabei zunächst, daß es sich für das Verständnis des frühen Christentums nie um leere, nur didaktische Zeichen handelt. Wer das meint, will dem Neuen Testament ein rein rationalistisches Symbolverständnis unterschieben, das ich der Einfachheit halber «calvinistisch» nennen möchte, nur um damit die grundlegenden Folgen auch für das Verständnis des Herrenmahls anzudeuten: Für Johannes Calvin sind Symbole leere Zeichen mit lediglich didaktischem Wert. Die Sakramente wie auch die Wunder, die Jesus gewirkt hat, sind Paulus zufolge jedoch nicht «nur» symbolisch zu verstehen, sondern sie sind wie die Spitze eines Eisbergs und weisen als leibliche Äußerungen auf eine größere Ganzheit. In der leiblichen Speisung, Waschung oder Heilung wird etwas sichtbar von dem, was viel umfassender ist und weit in den Bereich des Unsichtbaren hineinreicht. Die Leiblichkeit ist jeweils ein unabdingbarer Vorposten. Und jedes Zeichen hat Anteil an der Wirklichkeit, die es abbildet. Diese Wirklichkeit aber ist unteilbar: Wer bei der Begegnung mit Gott leiblich berührt wird, ist in Wahrheit umfassend berührt. Das Wichtigere ist unsichtbar, aber ganz organisch verbunden mit dem Sichtbaren, so wie die Spitze des Eisbergs mit dem an der Oberfläche unsichtbaren größeren Rest. Die Sakramente sind in diesem Sinne realsymbolisch zu verstehen, nämlich real und auf das größere Ganze weisend. So sind die Sakramente nicht leere Zeichen, sondern Waschung und Sättigung sind Teile der erneuerten umfassenden Lebensqualität des Menschen.

Religionsgeschichtlich sind die Sakramente sicher auch durch den Zeitgeist angeregt, denn auch die Mysterienreligionen kennen ähnliche initiatorische («den Anfang stiftende», «einweihende») Zeichenhandlungen, deren Symbolgehalt jeweils auf die Gabe des – erneuerten – Lebens weist. Die Mysterienhandlungen werden in der damaligen Zeit als eine Art «Jungbrunnen» verstanden. – Im Judentum ist auf die Beschneidung zu verweisen. Das hellenistische Judentum versteht die jüdische Religion als Mysterienkult, so besonders Philo von Alexandrien, der die Bibel des Alten Testaments zum Lesemysterium macht. Für Paulus dagegen geht es nicht um einen Jungbrunnen zur Erneuerung irdischer Vitalität, sondern um den Anfang des ewigen Lebens, d. h. beide Sakramente haben mit der Überwindung nicht des Alterns (so die heidnischen Mysterien), sondern des Todes zu tun. Über die (Wasser-)Taufe auf Jesus bzw. «den Namen (Jesu) Christi» spricht Paulus am klarsten in Röm 6. Er übernimmt aus der allgemeinen christlichen Tradition, daß Taufe mit Umkehr zu tun hat. So hatte es schon Johannes der Täufer gelehrt. Diese Umkehr wird in Röm 6 radikalisiert. Der Täufling muß sich vom Früheren nicht nur abwenden, sondern er soll für das frühere Leben sterben, tot sein. Taufe ist ein Einschnitt wie Sterben. Gleichzeitig erlaubt diese Radikalisierung gegenüber der Umkehrtaufe des Johannes jetzt eine Christianisierung. So wie Christus gestorben ist, soll der Täufling mit ihm mitsterben (Röm 6,3–6). So wie Christus gekreuzigt ist, soll der Täufling mitgekreuzigt werden. Das ist einerseits eine archaische Auffassung von Jüngerschaft: Der Jünger soll seinem Meister bis in den Tod nachfolgen (wie Paulus und alle Märtyrer es getan haben). Andererseits spielt die oben schon genannte Kreuzestheologie eine Rolle: Wenn sich der Jünger mit Jesus mitkreuzigen läßt, dann wird er selbst für die Augen der Welt zum Teilhaber an der Schande, dann ist für ihn fortan die Wertrangordnung auf den Kopf gestellt (6,6).

Paulus verwendet außerdem das Bild des Begrabenwerdens mit Christus (6,4). Er erwähnt dieses Element, weil hier möglicherweise ein plausibler und sichtbarer Ansatzpunkt im Vollzug der Taufe vorliegt, der die Metaphorik von Sterben und Begrabenwerden nahelegt. Denn wenn die Täuflinge wirklich ins Wasser steigen (hier ist wohl an den Tiber zu denken; Trastevere war das Viertel der Juden und der ärmeren Leute), um sich taufen zu lassen, dann ist der Augenblick, da sie untertauchen und das Wasser über ihnen zusammenschlägt wie ein Begrabenwerden im Wasser.

Jedenfalls macht Paulus deutlich: Getauftwerden ist wie Sterben, und aus dem Wasser wieder hinaufzusteigen oder jedenfalls die Zeit danach ist wie neues Leben (Röm 6,10f). Überdies ist das Ganze wie ein Wechsel des Sklavenhalters (Röm 6,15–23). Von der Herrschaft unter der Sünde ist der Sklave losgekommen und jetzt unter der Herrschaft der Gerechtigkeit. Doch der Sklavenlohn ist diametral entgegengesetzt: Unter der Sünde war er Tod (6,23: «Der Sold der Sünde ist der Tod»), jetzt ist er ewiges Leben.

Bei der Taufe hebt Paulus – wiederum zeigt sich der Pharisäer – kräftig den ethischen Aspekt hervor. Nirgendwo anders geschieht das bei der christlichen Taufe so stark wie in Röm 6. Alle anderen Autoren, die die christliche Taufe erwähnen, betonen stärker den Schutz vor allem, was schadet und droht. Die Taufe auf den Namen macht sich die Schutzkraft des Namens zunutze.

Auch beim Herrenmahl deutet Paulus die übernommene Tradition ganz im Sinne redaktioneller Einbettung um. Nach Paulus handelte es sich beim Herrenmahl nicht um ein Passahmahl, und dort, wo er das Passahlamm erwähnt, sagt er nichts vom Herrenmahl. – Das überlieferte Brotwort sagt nichts über den Tod. Jesus meint mit seinem Wort: «Das bin ich – und ich bin für euch da.» Da es sich um ein Realsymbol und nicht um ein leeres Zeichen handelt, faßt Jesus sein Leben und Wirken in diesem Gestus zusammen, so wie man mit einem Brennglas die Strahlen der Sonne sammelt. Denn was im Ganzen geschieht, wird hier in einem Zeichen zusammengefaßt. Jesus ist für die Jünger wie Brot, und das heißt: das Leben. Beim Becherwort geht es mehr um das, was Jesus hinterläßt, wenn er nicht mehr da ist. Er stiftet einen Bund, den ersehnten Neuen Bund, und damit macht er die Jünger zu Teilhabern der erneuerten Selbstverpflichtung Gottes. Sie alle miteinander sind Träger dieser Institution. Jesus blickt bei den Deuteworten auch auf seinen gewaltsamen Tod, d. h. auf sein Kreuzesblut voraus.

Paulus reagiert mit dem Zitat der Einsetzung des Herrenmahls auf eine Entwicklung der Praxis des Herrenmahls in Korinth, die er nicht gutheißen konnte. Weil die Menschen in Korinth überwiegend keine Judenchristen waren, kannten sie nicht den festen Beginn des jüdischen Mahls mit dem Dankwort über dem Brot. Daß der Beginn des Mahls unklar war, hatte zur Folge gehabt, daß einige zwischen profanem Sättigungsmahl und Herrenmahl nicht hinreichend unterscheiden konnten, so daß der Übergang fließend war. Paulus trennt das Sättigungsmahl vom Herrenmahl. Die weitreichende Folge dieser Trennung war eine Verkümmerung des Mahlcharakters des Herrenmahls bis hin zu den oft nur noch rudimentären Formen, in denen das Mahl bis heute kaum noch sichtbar wird. Andererseits hatte ein Sättigungsmahl in Verbindung mit dem Herrenmahl offenbar zwangsläufig das Aufdecken sozialer oder gesundheitlicher Differenzen in der Gemeinde zur Folge. Jede Art von Differenzen wollte Paulus beim Mahl unter allen Umständen vermeiden. Denn er verstand es als Zeichen der Einheit.

Im Zusammenhang der Erwähnung beider Sakramente im

1. Korintherbrief handelt Paulus von der gestörten oder bedrohten Einheit der Gemeinde (1 Kor 1,12–17; 11,18–34). Bis heute haben Sakramente etwas mit der Einheit der Kirche zu tun. Bei der Taufe geht es um den einen Leib, den alle Christen miteinander bilden. Weil alle mit dem gleichen Heiligen Geist getränkt wurden (1 Kor 12,13), sind sie, woran Paulus sie erinnern muß, ein Leib, und diese Gemeinsamkeit ist stärker als alle Verschiedenheit. Dieser Gesichtspunkt ist wichtig bei aller modernen Betonung der Pluralität: Für Paulus hat im Zweifelsfall die Einheit den Vorrang. Eine Trennung vom Leib ist daher gar nicht vorstellbar; die Gemeinde muß sie nur vollziehen, wenn der ganze Leib in seinem «missionarischen» Ansehen durch das Tun einzelner beschädigt wird, wie im Sexskandal nach 1 Kor 5.

Beim Herrenmahl ist eine Mißachtung bzw. Diskriminierung einzelner Gemeindeglieder deshalb so gravierend, weil es sich um eine Sünde gegen das Sakrament, das Realsymbol der Einheit selbst handelt. Während bei der Taufe die einzelnen Christen zu verschiedenen Zeitpunkten und dann jeweils nur einmal getauft wurden und die Einheit durch das Taufsakrament nur in der Summe zustande kommt, ist die Einheit oder Spaltung beim Herrenmahl direkt sichtbar, wenn alle zusammenkommen und sich streiten oder sich in Grüppchen aufteilen.

Die Sünde gegen das Herrenmahl besteht nach Paulus eindeutig nicht in einer falschen Auffassung vom Abendmahl oder in falschem Glauben, sondern in einer Praxis, die Diskriminierung zur Folge hat. Das wäre insofern im Sinne des Paulus eine falsche Auffassung vom Mahl und ein mangelndes Unterscheidungsvermögen (1 Kor 11,29b), weil bei jeder profanen Mahlzeit die Ordnung zwar wichtig, aber doch das Vergnügen jedes einzelnen das oberste Prinzip ist. Beim christlichen Mahl geht es nicht nur um Ordnung und geregelten Hergang, um Gleiches für alle, sondern um eine in der Liebe Christi begründete tiefe Einheit, die eine viel weiter gehende Hochachtung vor jedem einzelnen und ein Verbot der Diskriminierung durch welche Elemente auch immer zur Folge hat. Man kann sagen: die religiöse Dimension hat hier eine Radikalisierung der Gerechtigkeit gegenüber den Mahlteilnehmern zur Folge, die das gewöhnliche

Reglement weit übersteigt. Über das gewöhnliche Reglement geben zahlreiche antike Anweisungen über die Gestaltung von Gastmählern Aufschluß, z. B. Plutarchs Schriften zu diesem Thema.

Die Spiritualität

Was Paulus zum Thema Spiritualität sagt, ist von der Natur der Sache her intensiv vom Lebensstil des Apostels geprägt. Auch in dieser Hinsicht wäre es undenkbar, daß Paulus nicht das als lebendige Botschaft darstellt, was er mit Worten verkündigt.

Unter Spiritualität versteht man eine dauerhafte innere und auch äußere Prägung des christlichen Alltagslebens. Spiritualität ist so etwas wie christlich geprägte Mentalität, die sich als Lebensgefühl und gestaltete Alltagsfrömmigkeit äußert. Es lohnt sich, bei Paulus danach zu fragen, weil es ja eine bestimmte pharisäische Spiritualität gab (das «engelgleiche Alltagsleben») und weil Paulus entsprechend beteuert, er bete und danke ohne Unterlaß (1 Thess 1,2; 1 Kor 1,4). Überdies versteht er sein christliches Dasein als «Sein in Christus», und das bedeutet zweifellos nicht nur eine dogmatische Aussage.

Die paulinische Spiritualität ist zunächst eine bestimmte Leidensfrömmigkeit. Zahlreiche Strapazen und Vorstufen des Martyriums, schließlich das Martyrium selbst bestimmen sein ganzes Leben als Missionar. Andere leben friedlich dahin, Paulus ist ohne Zweifel jeden Tag kurz vor dem Verprügeltwerden – oder eben auch kurz danach. Wie «lebt» ein solcher Mensch? Nun, sicher anders als die Professoren, Prälaten und Oberkirchenräte, die sich auf seine Theologie berufen und die sie hochgeistig finden.

Paulus bringt seine Leidensfrömmigkeit in sogenannten Peristasenkatalogen zum Ausdruck (z. B. 2 Kor 11,23b–30), d. h. in reihenweise vorgeführten Leiden und Martern, aber auch außergewöhnlichen Anstrengungen. Katalogartig werden in der Umwelt des Neuen Testaments auch Märtyrerqualen aufgezählt, und zu den Leidensweissagungen der Evangelien bestehen ebenfalls Beziehungen. Es handelt sich um eine paradoxe Form von Werken, nämlich um «passive» und nicht aktive Zeugnisse von dem, was in dem Helden verborgen ist, um durchgestandene, nicht um durchgeführte Ereignisse. Doch das Ziel ist jeweils zu zeigen, daß der Betreffende dieses alles im Durchstehen überwunden hat. Er ist am Ende nicht Opfer, sondern Überwinder. Denn der Apostel lebt ja noch, als er alles dieses schreibt, er ist «nicht totzukriegen». Auch darin, daß er immer wieder errettet wird, gleicht er am Ende seinem Herrn.

Aber auch dieses gehört zur paulinischen Spiritualität: Paulus faßt seinen Weg auch scheinbar ganz gegenläufig zu den Peristasen auf, nämlich als fortschreitende Verherrlichung. Nach 2 Kor 3,18b gilt: «Weil wir auf den Herrn selbst blicken, der uns den Geist schenkt, werden wir immer mehr in die Herrlichkeit des Herrn hineinverwandelt.» Nach Röm 8,30 sind die Christen nämlich schon verherrlicht. Das punktuell von der Taufe Gesagte gilt daher nach 2 Kor 3,18b für jeden Tag. Nicht weit davon weg formuliert Paulus es so: «Zwar wird mein irdisches Leben nach und nach aufgerieben und zerstört. Doch gleichzeitig wird das, was ich zukünftig sein werde, auf unsichtbare Weise schon jetzt ganz neu in mir begründet und wächst mit jedem neuen Tag.» (2 Kor 4,16) – Was ist das für eine Spiritualität, mit der Paulus sagen kann, er wachse der Herrlichkeit entgegen? Paulus sieht, daß er so oder so seinem Ende immer näher kommt. Es ist für ihn das Ende des Exils, in dem er fremd ist und sich nach der Heimat sehnt, nach Christus. Er weiß, daß diese Annäherung nicht ohne Folgen für ihn bleibt, denn er wird zusehends verstrickt in das, was er ersehnt. Wer sich nach Jesus Christus, dem Herrn, sehnt, der wird wie Paulus seinen Weg nicht als Verdüsterung, sondern als fortschreitende Aufhellung begreifen, so wie es nach langer Nacht endlich Morgen wird.

Schließlich gehört (als Drittes) die paulinische Ethik der Sanftheit und des Machtverzichts in seine Spiritualität hinein. Denn laut Paulus ist sie Geformtwerden nach Gottes Geist. In extremer Form bedeutet sie lebenslanges Gekreuzigtwerden, nämlich Distanznehmen zur Welt. Andererseits entspricht die Sanftheit auch dem Resultat der Versöhnung: Daß die Feindschaft zwischen Welt und Gott durch Gottes Initiative in Frieden und Versöhnung geendet hat, bleibt nicht ohne Folgen für das christliche Handeln. Die paulinische Ethik der Sanftheit ist so verstanden auch Versöhnungsethik. Das Wirken des Heiligen Geistes und das «Resultat» des Kreuzestodes Jesu kommen in diesem einen Punkt zusammen.

Korinthische Theologie

Für den Schreibtischgelehrten sieht es so aus, als sei Paulus in der Periode, in der er schriftstellerisch tätig war, also in einem knappen Jahrzehnt zwischen seinem (mutmaßlichen) 50. und 60. Lebensjahr enorm wandlungsfähig gewesen. Einige Äußerungen oder ganze Briefe werden ihm deshalb schon seit langem nicht zugetraut, weil man einen derartigen Wandel in so hohem Alter für unmöglich hält. Man erklärt solche unpassenden Stücke für später eingefügte Glossen (z. B. 1 Thess 2,15f und Röm 6,17) oder hält den ganzen Brief für unecht (2. Thessalonicherbrief). Das zu beurteilen, fiele leichter, wenn man wüßte, «wer Paulus eigentlich war». Aber weil das ein Rätsel ist und bleibt, sind viele solcher Auskünfte nur Zirkelschlüsse oder Verlegenheitslösungen. Vielleicht war ja der spirituelle und theologische Reichtum des Paulus viel größer als der seiner modernen Ausleger. Und möglicherweise hat Paulus auf unterschiedliche Situationen jeweils so reagiert, daß er aus seinem Schatz «Altes und Neues hervorholte». Es geht also um die Frage einer theologischen Entwicklung des Paulus. Evident ist z. B. ein Wandel in der Stellung gegenüber dem Judentum. Während nach 1 Thess 2,16 das Judentum endgültig dem Zorn Gottes verfallen ist, wird diese Phase des Zorns in Röm 9–11 begrenzt. Zwar gilt den nichtchristichen Juden jetzt auch der Zorn Gottes (Röm 9,22), aber das ist eben nicht endgültig, denn Paulus ist ein Geheimnis geoffenbart worden (Röm 11,25), wonach Gott am Ende Israel doch seine Barmherzigkeit zukommen lassen wird. Dieses ist ein offenkundiger Wandel vom endgültigen Zorn bis zum Erbarmen nach der Phase des Zorns.

Und nun zur speziell «korinthischen Theologie»: Schon bei flüchtiger Lektüre fällt auf, daß der Galater- und der Römerbrief theologisch wesentlich anders geprägt sind als der 1. und

2. Korintherbrief. Falls der 1. und 2. Thessalonicherbrief doch zusammengehörten und beide von Paulus wären, ergäben sich drei Blöcke: 1. und 2. Thessalonicherbrief; 1. und 2. Korintherbrief; Galater-, Philipper- und Römerbrief. Fast könnte man sagen: Wenn Paulus zu so großen Wandlungen in der Lage war, wie sie sich zwischen diesen Theologien zeigen, dann könnte man ihm als vierten Block auch den Epheser- und den Kolosserbrief zutrauen, und zwar in der Nähe der beiden Korintherbriefe. Aber davon ist die gegenwärtige Theologie weit entfernt.

Da die Theologie des Galater-, Römer- und des Philipperbriefs bei der Frage der Rechtfertigung, des Sühnetodes und des Heiligen Geistes zur Sprache kommt, sind die Besonderheiten der Korintherbriefe hier besonders darzustellen. Auffällig: Der Galater- und der Römerbrief enthalten keine Peristasenkataloge, in denen der Apostel seine Leiden darstellt. Und die Korintherbriefe enthalten nichts über die Rechtfertigungslehre, jedenfalls weder die typische Verbindung von Glauben und Gerechtigkeit noch deren Verknüpfung mit «Werk» oder «Gesetz». Statt dessen ist in ihnen viel über Kirche und Gemeindegottesdienst gesagt, was wiederum im Römer-, Galater und Philipperbrief fehlt. Paulus hat also seine Themen sehr unterschiedlich verteilt. Daher kann man nur froh sein, mehr als einen Paulusbrief zu besitzen, da sonst Wichtiges gar nicht erkennbar wäre.

In den Korintherbriefen findet sich eine besondere Christologie, von der die übrigen Paulusbriefe nicht viel wissen. Es ist eine Mittlerchristologie, und dort, wo sie jeweils knapp und fast formelhaft ans Licht tritt, ist Jesus Christus funktional Gott untergeordnet. Es ergibt sich jeweils eine Kette mit den Gliedern Gott – Christus – Gemeinde («ihr») / oder «Mann» – «Frau» – alle Dinge. Es handelt sich um eine funktionale Hierarchie, nicht um unterschiedliche Werte oder Würdigkeiten. Die stabilsten Glieder der Kette sind die beiden ersten. Von den übrigen Gliedern können manche auch jeweils fehlen, aber ein drittes Glied gibt es immer. Das dritte Glied lautet oft «wir» oder «alle Dinge». – In dieser Kette wird jeweils knapp und eindrücklich dargestellt, wie Schöpfung, Bekehrung, Ziel der Weltgeschichte oder eben die wahren «Verhältnisse» (Besitz, Schutzbedürftigkeit) sind. Jesus Christus ist dabei öfter als Mittler zwischen Gott und Welt vorgestellt, so als der, «durch» den die Welt entstand und wieder zu Gott findet, als das wahre Abbild von Gottes Herrlichkeit und damit Urbild von Mann und Frau. Wenn im Schlußglied «alle Dinge» genannt werden, dann wird erkennbar, daß diese kurzen Formeln einen umfassenden Anspruch knapp und memorierfähig zum Ausdruck bringen. In dieser Mischung von früher systematischer Theologie und Katechismusformeln haben wir ein sehr beachtliches Lebenszeichen frühchristlicher Theologie vor uns. So zum Beispiel in 1 Kor 8,6: «Wir kennen nur den einen Gott und Vater, der alles geschaffen hat und für den wir leben, und einen Herrn, Jesus Christus, durch den alles geschaffen ist, auch wir.»

Zur «korinthischen Theologie» gehören auch Sätze, nach denen Jesus Christus mit einem «absoluten» Heilsgut gleichgesetzt ist, ohne daß dabei notwendigerweise an seinen Tod zu denken wäre. Nach 1 Kor 1,31 ist er «unsere Weisheit von Gott, Gerechtigkeit, Heiligung und Erlösung», nach 2 Kor 5,21 sollen wir durch ihn werden «Gerechtigkeit, die vor Gott gilt». Das heißt nach beiden Texten noch nicht, daß er für uns gestorben ist, sondern daß er «sich vor uns stellt». Er ist heilvolle Gabe Gottes für uns (ähnlich wie im Evangelium nach Johannes).

Wie diese Beziehung zu Jesus Christus zustande kommt, ist bisher für die korinthische Theologie erst teilweise geklärt. Sicher spielt der Tod Jesu eine Rolle, aber nicht allein er. Wie wäre sonst 2 Kor 4,6 zu verstehen, wo es heißt: «Diesen Dienst hat Gott mit dem Wort begründet: ´Wo Finsternis war, soll Licht strahlen` (Gen 1,3). Gott selbst ist das Licht in unseren Herzen geworden und hat uns seine strahlende Herrlichkeit spüren lassen, die im Widerschein auf dem Antlitz Jesu Christi leuchtet.» Hier ist Jesus Christus das Licht, das vom Vater kommt – wiederum ähnlich wie im JohEv, wo er als Licht die Gabe Gottes ist. Entsprechend ist ein wahrer Apostel «Bote des Lichts» (2 Kor 11,14), die anderen tun nur so. In der «korinthischen Theologie» spielt daher offensichtlich Jesus als die Lebens- und Heilsgabe für die Menschen eine größere Rolle als irgendwo sonst bei

Paulus. Und das könnte durchaus mit seiner Mittlerfunktion zusammenhängen, die zu Anfang dargestellt wurde.

Theologie des Judentums

Wenn Paulus vom Judentum spricht, dann von seinen geliebten Geschwistern. Daß er lebenslang von Juden aus der Provinz Asia verfolgt und schließlich getötet wird, kann ihn nicht stören. In seinen Briefen versucht er auch alles, um dem Eindruck, er sei ein abgefallener Jude, entgegenzuwirken.

Über die Juden sagt Paulus in Röm 9,3b–5: «Sie gehören doch zu mir und sind durch den Ehrennamen Israeliten ausgezeichnet. Sie sind die Kinder Gottes, denen Gott seine Herrlichkeit gezeigt und mit denen, das heißt: mit Abraham und Mose, er jeweils den Bund geschlossen hat. Ihnen hat er das Gesetz gegeben, sie dienen ihm im Tempel, für sie gelten die Verheißungen, ihnen gehören die Erzväter. Aus diesem Volk stammt Jesus, der Messias. Gott, der Herr über alles, sei gelobt für alle diese Gaben in Ewigkeit. Amen.» Die Heidenchristen müssen also damit fertigwerden, daß Gott an seiner ersten Liebe festhält und daß er am Schluß der Geschichte zu jedem Wort seiner Verheißung an Israel stehen wird. Die Geschichte der Juden reicht von Abraham bis zur Wiederkunft Christi auf dem Sion (Röm 11,25–28). Denn dann wird – um Jesu willen – alle Sünde von Israel genommen werden, und das Volk wird wieder mit seinem Gott versöhnt sein, mit dem es jetzt mehrheitlich uneins ist wegen der Ablehnung Jesu Christi.

Auf Abraham legt Paulus besonders großen Wert; daher widmet er ihm zwei Kapitel in Gal 3 und Röm 4. Denn das ist eine der Grundlinien paulinischen Denkens: Am Prototyp entscheidet sich alles. Adam war der Prototyp des schwachen Menschen, Abraham ist der Prototyp des Erwählten und Trägers der Verheißung. Mose ist der Prototyp des alten, vergänglichen Bundes. Jesus Christus ist der Prototyp der neuen Schöpfung. Am Prototyp kann man auch alles erkennen. Deshalb ist es didaktisch geschickt, mit diesen Gestalten anschaulich zu argumentieren. Sie stehen immer für ein Zeitalter. Nur Abraham und

Jesus Christus haben weiterhin uneingeschränkt positive Bedeutung; aber auch die anderen (Adam, Mose) sind nicht einfach negativ gesehen, sondern an ihnen leuchtet im Kontrast der heilvolle Gang der Heilsgeschichte auf.

Abraham wird deshalb so hochgeschätzt, weil Paulus sein Volk liebt. In Abraham ist dessen positive Seite und dessen Hoffnung begründet. So ist Abraham zunächst einmal der Prototyp der Glaubenden; auch das Judentum sah in ihm einen Prototypen, nämlich den aller Proselyten, d. h. der zum Judentum später übertretenden Heiden. Denn Abraham war Heide und «suchender» Götzendiener, bevor er Jude wurde, bevor der wahre Gott sich ihm entdeckte. Diese jüdische Einschätzung Abrahams als des ersten Proselyten ist die direkte und unabdingliche Voraussetzung für die prototypische Rolle Abrahams für die Heidenchristen. Denn auch sie sind eine Art Proselyten – nur eben ohne Beschneidung und Ritualgesetze. Diese beiden Institutionen sind nicht mutwillig abgeschafft, sondern durch Höheres ersetzt. Aber der Gott Israels wird auch von den Heidenchristen gefunden, wenn sie denn gerecht sind wie Abraham (und das werden sie in der Rechtfertigung nach seinem Urbild) und die Vaterschaft Abrahams wird auch ihnen zuteil.

Das erstere – die Zugehörigkeit zum Gott Israels – ist nicht problematisch, da der Glaube sich auf denselben Gott bezieht, der Tote erwecken kann. Paulus zeigt das in der Entsprechung von Röm 4,17 und 4,24. Nach 4,17 glaubte Abraham angesichts seines altersschwachen Leibes und der Unfruchtbarkeit der Sara an den Gott, der Tote lebendig macht, und genauso glauben die Heidenchristen an den Gott, der Jesus von den Toten auferweckt hat.

Die Vaterschaft Abrahams erlangen die Christen durch Nachahmung seines Glaubens. Schon im Judentum galt der Grundsatz, daß die Väter einem nichts nützen, wenn man ihnen nicht ähnlich ist. Wenn man Abraham aber in der entscheidenden Sache ähnlich ist, in seinem Glauben, dann tritt man auch in die Verheißung ein, die ihm gilt. An dieser Stelle entnimmt Paulus der Abraham-Erzählung die Wendung, daß der Glaube

Abraham zur Gerechtigkeit angerechnet wurde (Gen 15,6) und deutet diese Stelle so: Abraham ließ sich auf Gottes Verheißung ein und wurde deshalb von Gott akzeptiert. Paulus überträgt das nun auf die Heidenchristen und ihren Glauben. In Gal 3 kann er gar sagen, der Same Abrahams, dem die Verheißung gegolten habe, könne niemand anderes als Christus sein – also nicht Isaak, wie es der Wortlaut der Schrift zweifellos meint (Gal 3,16).

An dieser Stelle ist etwas darüber zu sagen, daß der Schriftbeweis des Paulus hier und in der Regel auch sonst gewagt, kühn und geradezu windig ist. Nur die bei uns verbreitete Gewöhnung läßt uns über die Klippen hinweggehen, die sich einem redlichen Nachdenken an dieser Stelle offenbaren müssen. So zum Beispiel bei den Argumentationen mit Abraham in Gal 3 und Röm 4: Denn erstens spricht Gott mit Abraham und nicht mit irgendwelchen Heiden Jahrhunderte später. Zweitens hat er Abraham zuvor eine Verheißung gegeben, auf die er sich einlassen soll; den Heidenchristen hat er nichts derartiges vorgegeben, und ihre Glaubensinhalte werden ganz anders sein. Drittens glauben die Heidenchristen bestenfalls an denselben Gott, aber nicht an seine Verheißung für Abraham oder für sie. Viertens ist noch gar nicht gesagt, daß Gott einen Abraham so unähnlichen Glauben wie den der Heidenchristen anrechnen will und wird. Das ist doch bloßes Wunschdenken, weil man meint, Gott müsse auf Ähnliches oder ähnlich Gemachtes analog reagieren. Daß der Glaube der Heidenchristen ähnlich ist, das mag noch hingehen, obwohl man die Diskrepanz zwischen Alterssterilität und Golgotha zugeben muß. Aber die Vermutung, daß Gott auch genauso reagieren müsse, ist extrem kühn. Fünftens ist die Folgerung in Gal 3, Jesus sei der Same Abrahams, pure Willkür, die den ausdrücklichen Wortlaut der Schrift verletzt. – Nun sind diese «Bedenken» ausgesprochen modern und philologisch orientiert. Sie werden Paulus nicht gerecht und offenbaren nicht mehr als die Verschiedenheit im gedanklichen Zugriff damals und heute. Für die Maßstäbe des 1. Jahrhunderts ist Paulus für Christen überzeugend. Und es ist auch wahr, daß unser Glaube dem des Abraham irgendwie ähnlich ist. Vielleicht ist Gott diese

Ähnlichkeit auch aufgefallen, vielleicht handelt er jetzt ähnlich auch mit uns.

Die weitere Argumentation des Paulus nach Röm 4 weist darauf, daß von Abrahams Beschneidung erst nach der «Anrechnung zur Gerechtigkeit» die Rede ist. Also ist Beschneidung nur eine sekundäre Bestätigung der «bestandenen Prüfung», die man sich abholen kann oder eben auch nicht (Röm 4,11). Aber notwendig ist die Beschneidung nicht, um das Heil zu erlangen. Immerhin gibt Paulus mit diesen Sätzen in Röm 4 zu, daß für Judenchristen Beschneidung einen gewissen Sinn haben kann, nämlich Zeugnis erlangter Gerechtigkeit zu sein – oder vielmehr so: Wenn Beschnittene heute an Jesus Christus glauben und ihnen das zur Gerechtigkeit angerechnet wird, dann wird die Beschneidung eben erst heute für solche Judenchristen vollständig sinnvoll. Auch das ist ein anspruchsvoller Schluß.

Doch die Mehrheit der Juden hat diesen Weg abgelehnt. Denn die «eigene Gerechtigkeit» und das «Sich-Gottes-Rühmen» ließen ein Evangelium universaler Art zur Falle für Israel werden. Paulus spricht in Röm 9,33 ausdrücklich von einer Falle («Ärgernis» ist im Griechischen wörtlich «Fallstrick»), die Gott auf dem Sion aufgestellt hat – nämlich Jesus. Aber auf den gleichen Sion wird Jesus nach 11,26f zurückkehren. Diese beiden Sion-Stellen (9,33/11,26) entsprechen einander.

Aber weshalb ist für Israel das universale Evangelium eine Falle? Eben deshalb wohl – so läßt sich die Meinung des Apostels Paulus rekonstruieren –, weil es sich auf den alten Schmalspurweg Gottes, nur Israel zu erwählen, festgelegt hatte (vgl. besonders Röm 2,17 mit 3,27). Jedes veränderte Verhalten Gottes mußte als nicht schriftgemäß abgelehnt werden. Jedes «Hakenschlagen» Gottes mußte schon als Theorie, als religiöse Ansicht, verworfen werden; es konnte nicht sein, denn Gott ist doch treu. Diese Stelle ist in der Tat der wundeste Punkt in der ganzen Theologie des Paulus – und das betrifft auch die Folgewirkung, daß nämlich Heidenchristen ohne Beschneidung Kinder Abrahams werden und zum Gott Israels und Jesu Christi gehören können. Die eine Frage war, ob Jesus wirklich der Messias war – die Lösung dieser Frage konnte man bis zur erwarteten Wiederkunft

Jesu verschieben. Judenchristen erwarteten dann den entscheidenden Beweis und das Aufhören des Widerstandes gegen Jesus. In Lk 13,35, Mt 23,39 und Röm 11,26f wird das gut zum Ausdruck gebracht. Aber die Zuwendung des Evangeliums und damit mutmaßlich auch Gottes zu den Heiden ohne Beschneidung läßt sich nicht vertagen, denn sie geschieht aus heutiger Sicht seit fast zweitausend Jahren. Ist das ganze nicht reine Willkür? Hatte es mit Jesus überhaupt etwas zu tun? Die Antwort auf diese Frage liegt in der charismatischen Qualität Jesu. Denn er ist ja nicht einfach nur ein Messias oder Messiasprätendent, sondern er tritt von Anfang an als Charismatiker auf, und die Herkunft seines «Geistes» ist umstritten: Ist es der Heilige Geist Gottes oder ist es etwas vom Geist des Teufels, das Jesus treibt (Mk 3,20–30)? Seine Exorzismen, heute von verständnislosen Exegeten öfter für abwegig gehalten, sollten gerade im Rahmen dieser Fragestellung gelesen werden. Wenn es der Heilige Geist ist, der von Jesus ausgeht und dank der Vision des Auferstandenen auch Paulus antreibt und inspiriert, dann erwirkt dieser eine unüberbietbare Nähe zu Gott und schafft Kinder, nicht Sklaven Gottes. An dieser Stelle zeigt sich nochmals, wie gefährlich es ist, das Christentum auf die Linie zwischen Vater und Sohn zu beschränken und nicht von Anfang an trinitarisch zu sehen. Denn wer – wie im liberalen Protestantismus regelmäßig geschehen – nur Vater und Sohn kennt, für den gibt es keine Verbindung zwischen Jesus und Paulus. Für den ist Jesus als mehr oder weniger politischer Messias gescheitert und Paulus der «zweite Stifter des Christentums». Nein, der Heilige Geist ist die Kontinuität, er erweist Jesus als den Messias, denn Jesus vertreibt die wahren Feinde, die Dämonen, durch ihn, und er ist die Kraft, die die Grenzen zu den Heiden sprengt.

Deshalb, sagt Paulus, hätten die Juden, als sie Jesus ablehnten, eben nicht den Heiligen Geist gehabt, sondern einen Geist der Umnachtung (Röm 11,8). So meinten die Juden, Gott könne nicht von der exklusiven Erwählung Israels abgehen und wer das dennoch meine, wie Paulus, der sei ein Abtrünniger, weil er willkürlich die Grenzen zwischen Israel und den Heiden niederlege. Auch im Sinne eines künftigen jüdisch-christlichen Dialogs über Paulus sei bemerkt: Dieses ist weder Willkür noch Auflösung des Judentums, sondern die Konsequenz daraus, daß Paulus Jesus als den Sohn Gottes erfahren hat. Denn Sohn Gottes wird einer nur durch den Heiligen Geist.

Im übrigen zeigt Paulus, daß die Verstockung Israels in der Gegenwart nur ein gewissermaßen notwendiger Umweg Gottes war, der auf diesem Weg die Heidenchristen in den Stamm des Volkes Gottes hineinholen wollte. So schreibt Gott auf krummen Zeilen gerade. Denn am Ende wird sichtbar werden, daß Juden wie Heiden eine Phase des Ungehorsams durchlaufen haben, daß aber beide nach dieser Phase – nur eben zeitlich versetzt – Gottes Erbarmen wiedergefunden haben (Röm 11,30–32). Diese Theologie ist in ihrer Größe und Konsequenz bisher kaum gewürdigt worden; zu sehr hat man Röm 9–11 nur als Steinbruch für eine Prädestinationslehre ausgenutzt oder war dabei, Formeln der *correctness* gegenüber dem Judentum bei Paulus zu finden. In Röm 9–11 dagegen geht es eher um das Problem des freien Willens Gottes (zur Änderung seines Weges, zum Hakenschlagen) gegenüber der Vereinnahmung durch sein Volk, dem er dennoch seine ganze Liebe bewahrt. Die zeitweilige Kooperation Gottes mit den ungehorsamen Juden – zur Errettung der Heiden – zeigt vor allem, daß Gottes Wege nicht mit den menschlichen moralischen Kategorien von gut oder böse beurteilt werden dürfen.

Gott also ist der, dem in der Mitte seines Weges mit seinem Volk eine neue, aus allen Völkern stammende Kinderschar «einfällt» und der dennoch am Prinzip des schmalen Weges festhält; denn noch immer scheut Gott die Beglückung der «allgemeinen Menschheit» und hält daran fest, die persönliche Glaubensentscheidung und nicht eine allgemeine, gießkannenartige Beglükkung der Menschheit zum Weg zu erklären. Ganz sicher ist Paulus auch hier wieder von sich selbst ausgegangen. Denn auch bei ihm selbst bereitet eine Phase der Verblendung (Verfolgung von Christen) auf wundersame Weise die Phase der Erbarmung vor.

III. Gefahr

Die «Berufung» des Apostels, die im ersten Teil dargestellt wurde, hat ihr Gegengewicht in der «Gefahr». Die Berufung macht die Identität aus, die Gefahr alle diejenigen Kräfte, die das Gewagte und Gewonnene wieder vernichten wollen. Durchweg geht die Berufung in die Zukunft, die Gefahr dagegen kommt regelmäßig aus der Vergangenheit, die doch noch nicht ganz tot ist. Sie nagt wie Salzsäure am Felsen der Berufung.

Gefährdung durch Gegner

Das frühe Heidenchristentum ist von Anfang an und durch seine Differenz zum Judentum, durch theologische Unsicherheit und durch eine Anzahl rivalisierender Richtungen geprägt. Diese Labilität dauert bis heute an. Denn im Unterschied zum Judentum kennt das Christentum nicht eindeutige Kriterien der Zugehörigkeit und Orientierung wie Beschneidung und jüdisches Gesetz. Schon die Vielzahl der christlichen Taufen (Wort, Wasser, Geist, Name Jesu, Name des Vaters, des Sohnes und des Heiligen Geistes) weist symptomatisch auf diese Pluralität. Der neutestamentliche Kanon ist immerhin durch fünfzehn unterschiedliche theologische Entwürfe geprägt (Paulus, Epheserbrief, Kolosserbrief, Markus, Matthäus, Lukas, Johannes, 1.–3. Johannesbrief, Hebräerbrief, 1. Petrusbrief, 2. Petrusbrief, Jakobusbrief, Judasbrief, Offenbarung, Pastoralbriefe).

Immer wieder nennt Paulus in seinen Briefen gegnerische Positionen, am deutlichsten im Galaterbrief, wo den Gegnern, die die Beschneidung für Heidenchristen einführen wollen, bescheinigt wird, sie verträten «ein anderes Evangelium». Im Laufe der Forschung hat man diese Andersdenkenden, die Paulus selbst keineswegs schont, sondern mit Fluch und Satan in Verbindung bringt, sehr unterschiedlich, aber fast immer einlinig gedeutet. Nach Meinung der Tübinger Schule des 19. Jahrhunderts (Ferdinand Christian Baur) waren es einheitlich Judaisten, also strenge Verfechter des Judentums, die sich für Beschneidung und Observanz des Gesetzes engagierten. Zu Anfang des 20. Jahrhunderts meinte man, es seien Enthusiasten, also Christen gewesen, die glaubten, das Weltende sei mit der Auferstehung Jesu gekommen. Auf dieser Linie lag auch die These, es habe sich durchweg um Gnostiker gehandelt. Man ging davon aus, daß Gnosis eine bereits zur Zeit der Entstehung des Neuen Testaments vollständig entwickelte Religion war, die überall als Konkurrenz bekämpft wurde. Gnostisierende Christen hätten sich als weltüberlegene Elite betrachtet. Nachdem man erkannt hatte, daß es sich hier um einen Anachronismus handelte (Gnosis entstand erst im Laufe des 2. Jahrhunderts), kehrt man nun allenthalten zur Judaisten-These zurück. Doch man sollte nicht alle Gegner über einen Kamm scheren.

Von außen agierende (d. h. nicht christliche) Gegner des Paulus trachten ihm nach dem Leben und sind letztlich die Ursache für sein Martyrium. Das reicht von König Aretas von Damaskus (2 Kor 11,32f), dem Paulus gerade noch entfliehen kann, bis zu den Juden der römischen Provinz Asia, die Paulus in Ephesus bekämpfen und die ihn am Ende in Jerusalem gefangennehmen lassen, woraufhin Paulus gefangen nach Rom überstellt wird und wohl unter Nero das Martyrium erleidet. Diese entschlossenen Juden bekämpfen Paulus als abgefallenen Juden, und das, weil Paulus mit Heidenchristen nicht jüdisch lebte (nach dem oben dargestellten pädagogischen Prinzip).

Sodann hat Paulus große Schwierigkeiten mit anderen christlichen Autoritäten. Dazu gehören einerseits die Heidenmissionare in Galatien, die Beschneidung fordern, sodann Apollos, der in Ephesus und Korinth missioniert und zu dem Paulus ein gespanntes Verhältnis hat, denn offenbar war Apollos vor allem am Schriftbeweis aus dem «Alten Testament» orientiert und kannte vielleicht die Taufe auf Jesus nicht; vor allem aber war für Paulus nicht gut erträglich, daß sich Apollos in Korinth breit machte, denn Korinth war doch «seine» Gemeinde, und er ihr Vater. – Zu einem offenen Konflikt kam es mit Petrus beim sogenannten antiochenischen Zwischenfall (s.oben), bei dem Paulus dem Petrus Inkonsequenz vorwerfen mußte. – Laut 2 Kor 11f konnte sich Paulus mit anderen Missionaren nicht einigen, die in Korinth tätig wurden. Denn er betrachtete die Gemeinde in Korinth als das ihm persönlich von Gott zugewiesene Feld (2 Kor 10). – Gar nicht im Sinne des Paulus dürften auch die Jerusalemer Judenchristen gehandelt haben, als sie seine mühsam gesammelte Kollekte dann doch abwiesen (Röm 15,31 und Apg 21,24–26).

Mit eigenen Gemeinden hatte Paulus Auseinandersetzungen, weil es in Korinth Menschen gab, die die Auferstehung der Toten leugneten, weil es schließlich in Korinth Parteiungen gab, die sich an verschiedenen Lehrern orientierten (zumindest an Petrus und Apollos). Eine Mehrheit in Korinth war auf die Idee gekommen, Paulus nach Empfehlungsbriefen zu fragen, was Paulus, der die Gemeinde doch selbst gegründet hatte, nur entschieden zurückweisen konnte. Schließlich gab es in Korinth einen Mann, der Paulus persönlich beleidigt hatte, und das hatte einen Streit zur Folge, der bis in 2 Kor 2,1–11 hinein seinen Niederschlag fand. – Eine Reihe von Problemen entstand für Paulus, weil man aus seiner eigenen Verkündigung falsche Schlüsse gezogen hatte. So wendet er sich im Römerbrief und im 1. Korintherbrief wiederholt gegen die Unterstellung, «alles sei erlaubt» oder man müsse nur tüchtig drauflos sündigen. Man verwechselte Christentum mit Anarchie (1 Kor 6,12; 10,23; Röm 3,8; 6,1). In Korinth und Rom hatten aufgeklärte Gruppen sich rücksichtslos verhalten gegenüber anderen, die sich religiös enger an bestimmte Formen gebunden fühlten. In 1 Kor 11 muß er die Gemeinde sehr streng zurechtweisen, da sich ausgerechnet beim Abendmahl verschiedene Gruppen herausbildeten, wobei offenbar die mit Geringschätzung behandelt wurden, die keine eigene Verpflegung mitbrachten. Ob der Hintergrund dieses Streits soziale Spannungen sind? Schließlich wendet sich Paulus in 1 Kor 12–14 gegen ein Durcheinander bei der Gemeindeversammlung. – Der 2. Thessalonicherbrief schließlich dokumentiert, daß es in Thessaloniki Leute gab, die mit einem unmittelbar bevorstehenden Weltende rechneten. Paulus – oder wer auch immer diesen Brief verfaßt hat – wandte sich gegen eine derartige Spekulation. Der Hintergrund ist hier «apokalyptisch» zu nennen.

Im übrigen aber sei davor gewarnt, für diese Streitigkeiten und Parteiungen jeweils spezielle religionsgeschichtlich definierbare Auffassungen zu suchen. In Galatien handelte es sich um Judaisten, die die Beschneidung einführen wollten, bei den Auferstehungsleugnern in Korinth mag es sich um kynisch-stoische Skeptiker oder um ganz normal am Diesseits orientierte Menschen gehandelt haben. Andere haben gefragt, ob Paulus vielleicht mit Aposteln Jerusalemer Prägung Probleme hatte, und zwar auch in Korinth. Hier leben dann die Thesen des 19. Jahrhunderts von einer durchgehenden judaistischen Opposition gegen Paulus fort. Ich gehe davon aus, daß es sich oft um Mißverständnisse aus der (notwendigerweise noch nicht umfassenden) Erstverkündigung und mehr um kulturell bedingte (wie z. B. die Auffassung von Sexualität in Korinth) als um spezifisch häretische Phänomene wie Gnosis handelte.

Gefährdung durch egozentrische Süchte

«Egozentrische Süchte» nennen wir das, was sonst «Sünde» genannt wird. Da Sünde aber fast nur im privaten Sinn verstanden wird und als etwas, das zudem immer «die anderen» betrifft, ist eine Variation des Ausdrucks hier besonders angebracht, wo man sich gerne leicht dem Vorwurf entzieht. Sünde ist bei Paulus keine Bagatelle, sondern eine Sucht, die den Menschen ganz beherrscht. Und zudem zerstört sie das Netz des sozialen Miteinanders, weil sie egozentrisch ist, weil sie der Versuch ist, selbst die Mitte zu sein.

Dieses ist eine Gefährdung für die paulinischen Gemeinden, die aus der fortbestehenden Schwäche der Menschen rührt, die sich immer wieder mit dem Bösen einlassen und dadurch von ihm wie von einer Sucht beherrscht werden. Denn noch besteht die böse Begehrlichkeit im Menschen. Der Streit zwischen den nach-reformatorischen «Konfessionen» um die Frage der Rechtfertigung ist inzwischen bei der Frage angekommen, ob diese Begehrlichkeit nur Schwäche ist (so der katholische Standpunkt) oder schon Sünde (so der evangelische Standpunkt). Klar ist, daß jede gewollte Begierde ein Verstoß gegen das zehnte Gebot des Dekalogs ist (Röm 7,7), das für Paulus im Sinne zeitgenössischer Philosophie das wichtigste ist. Andererseits ist der Mensch schwach und verführbar von Gott geschaffen, und für diese Schwäche kann er insoweit nichts. Wir nennen diese Schwäche Begehrlichkeit und unterscheiden sie von der gewollten Begierde, die Sünde ist.

Wichtiger als diese Unterscheidung ist für mich die strukturelle Ähnlichkeit von Begierde und Liebe. Beides ist Sehnen des Menschen über sich hinaus. Bei der Begierde ist es Haben-Wollen und bei der Liebe Schenken-Wollen. Die Begierde ist maßlos und zerstörerisch und bedeutet am Ende Tod. Die Liebe ist am Ende vernünftig und bedeutet in jeder Hinsicht Leben. Bei der Sünde oder maßlosen Begierde läßt sich der Mensch in seiner Schwäche und Verführbarkeit durch etwas täuschen (Röm 7,11). Insofern kann Paulus von einer Sündenmacht sprechen. Bei der Liebe läßt sich der Mensch durch etwas beschenken. Dies ist am Ende der persönliche Gott selbst.

Nirgends kommt die bleibende Gefährdung der Christen besser zum Ausdruck als in dem klassischen Kapitel Röm 7 – wenn es denn auf die Situation des Christen bezogen ist. Darüber gibt es einen alten Streit, aber es gibt kluge Argumente dafür, daß der in Röm 7 beschriebene Konflikt zwischen Wollen (des Guten) und Tun am Ende gar nichts mit der vorchristlichen oder christlichen Situation des Menschen zu tun hat, sondern nur eine Apologie des Gesetzes ist. Denn das ist auf jeden Fall zutreffend nach Röm 7: Je nachdem, ob der Mensch in der grundlegenden kreatürlichen Schwäche verharrt oder ob er sich von Gottes Heiligem Geist treiben läßt, je nachdem, in welcher Situation und in welchem Status er selbst dem Gesetz gegenübersteht, wirkt das Gesetz ständig verurteilend oder ist es potentiell erfüllbar. Denn das Gesetz selbst ist gut, heilig und gerecht. Nur der Zustand des Menschen ist unterschiedlich. Und als schwacher Mensch seit Adams Fall hat der Mensch keine Chance, dem

Gesetz zu genügen. Es kommt darauf an, woran sich der Mensch hält.

Genau in diesem Sinne sind vielleicht auch die typisch paulinischen, theologisch so schwer deutbaren Verbindungen «‹Gesetz› + Genitiv» zu verstehen (Gesetz des Gaubens, Gesetz der Sünde, Gesetz des Geistes). Verschiedene Forscher meinen, «Gesetz der Sünde» sei dann ein anderes, nicht das alttestamentliche Gesetz (Röm 7,22f). Doch der Genitiv bezeichnet jeweils die Verfassung, in der der Mensch dem einen von Gott gegebenen Gesetz gegenübersteht. Und ob der Mensch von der Sünde beherrscht wird oder vom Heiligen Geist getrieben ist, das macht dann schon viel aus. Aber gerade deshalb kann es bei dem einen Gesetz Gottes bleiben.

So ist auch der Schluß von Röm 7 und der Übergang nach Röm 8 zu verstehen: Für sich selbst betrachtet (7,25) ist der Mensch zerrissen und schwach, doch gemeinsam mit den anderen in der Lebensbeziehung zu Jesus Christus (8,1) wird er nie mehr verurteilt, es sei denn, er zerstöre die Gemeinde in ihrer Einheit (1 Kor 3,17).

Zweifel

In 2 Kor 11,29 bekennt Paulus: «Wenn *irgendwem* die Gefahr droht, daß einer vom Weg abkommt, dann brennt sie *mir* auf den Nägeln.» So kennen wir Paulus bisher nicht. Sollte er gefährdet sein, hin- und hergeworfen? Im folgenden Vers fährt er fort: «Wenn ich mich schon selbst herausstreichen muß, dann will ich das wenigstens mit meinen armseligen, schwachen und bedürftigen Seiten tun.» (11,30) Er kennt nur die Flucht nach vorn, die Offenlegung seiner Blößen. Allein darin sieht er die Möglichkeit, daß man Menschliches und Göttliches unterscheiden kann. Nur menschliche Qualitäten aber könnten ihn nicht für seinen Beruf ausweisen.

Zumindest an zwei Stellen des Römerbriefes äußert Paulus offen Zweifel, und zwar solche ganz zentraler Art, die sich auf das Gottesbild beziehen. In Röm 3,5 heißt es: «Nun könnte man meinen, wenn Gottes Treue und Gerechtheit nur vor dem dunklen Hintergrund menschlicher Untreue zum Leuchten kommt, wenn er also unsere Schlechtigkeit braucht, uns aber dann mit seinem Zorn dafür straft, dann wäre er doch ein ungerechter Gott. Aber das ist menschliche Logik, so stimmt es nicht! Denn es gibt doch einen Grund dafür, daß Gott die Welt richten wird. Ich bin auf jeden Fall ein Sünder und werde nicht unverdient verurteilt. Da kann es doch nicht sein, daß Gottes Verläßlichkeit nur im Kontrast zu meinem Wankelmut zum Leuchten kommt! Daß ich Sünder bin, hat damit nichts zu tun.»

Der Zweifel des Paulus lautet, in unser Deutsch übersetzt: Hat die (angebliche oder wirkliche) Ungerechtigkeit des Menschen etwa nur den Sinn, Gottes Gerechtsein um so heller erscheinen zu lassen, gewissermaßen Folie für Gottes Selbstdarstellung zu sein? – Die Menschen sind ungerecht und Gott ist heilig. Ist die Konsequenz daraus, dies immer nur wieder zuzugeben? Könnte es sein, daß Gott den Menschen nur so schwach und verführbar erschaffen hat, um selber als der Größere dazustehen? Sollte es sein, daß das zur Ehre Gottes dient? Soll der ungerechte Mensch als Schlußlicht der Schöpfung auf besondere Weise nur Gottes Gerechtigkeit bestätigen? Das wäre dann so: Gottes Wahrheit hebt sich leuchtend hell vor der Lüge ab, die die Menschen selbst sind. Der Goldgrund hebt sich vorteilhaft ab von soviel Grau und Schwarz. Aber das wäre noch nicht einmal das Schlimmste. Denn zu alledem besteht noch die Gefahr, daß Gott diesen Menschen zusätzlich in seinem Zorngericht verstößt, weil er der gerechte Richter ist. – Erst schafft Gott den Menschen, um per Kontrast seine Ehre sicherzustellen, und dann muß der Mensch auch noch dafür büßen. Werden die Menschen so ganz und gar Opfer von Gottes Sucht nach Herrlichkeit – geschaffen als Kontrast und dann vernichtet? Warum hat Gott den Menschen nur so unvollkommen erschaffen? Und zusätzlich werden sie Opfer seines Zornes? Ein grausames Drama auf Kosten des Menschen, weil sich Schöpfer, Richter und Vernichter in einer Person finden. Gäbe es Gewaltenteilung, vielleicht könnte uns dann ein Richter für schuldlos erklären oder mildernde Umstände ansetzen.

Oder sind die Menschen nicht doch selbst verantwortlich? So ist das Gericht regulär und wohlverdient. Denn wir sind zweifelsfrei Sünder. Unser Tun ist ungehorsame Antwort. Mein Zweifeln ist ein Versuch, über Gott zu richten, Gott Schuld nachzuweisen. Doch fest steht, daß die Menschen gerichtet werden. Wir haben Zweifel gehegt und Unrecht begangen. Die Zweifel sollen offenbar nur ablenken vom Menschen. Denn Gott ist der Richter, und nicht der Mensch selbst. Der Weg zur Wahrheit führt über die Menschen.

Aber Gottes Gerechtigkeit ist auch nicht nur heilige Eigenschaft und totes Attribut Gottes. Sie ist nicht menschenferne Heiligkeit geblieben, sondern Gott wollte Gemeinschaft mit den Menschen, um fast jeden Preis. So hat sich der Zweifel in Dankbarkeit gewendet.

Ein weiterer Zweifel entsteht in Röm 9,12–16: «Denn darum geht es immer: Gott bestimmt in freiem Entschluß, wen er erwählt. Entscheidend ist seine Wahl, nicht irgendwelche Werke des Menschen. Ähnlich sagt Gott nach der Schrift: ‹Jakob habe ich geliebt, aber Esau gehaßt.› Was bedeutet das? *Ist Gott also ungerecht?* Keineswegs! Schon zu Mose sagte Gott: ‹Erbarmen und Mitleid schenke ich, wem ich will.› Das Erbarmen Gottes hängt daher allein von seinem Wollen ab, nicht von Wünschen oder Werken des Menschen.» – Gott trifft auch hier der Vorwurf, er sei ungerecht. Denn ohne daß Menschen vorher etwas dazu getan hätten, liebt er die einen und haßt die anderen. Die einen macht er zu Gefäßen des Erbarmens, die anderen zu Gefäßen des Zornes (Röm 9,22), die er dann voll Wut vernichtet. Erst die grundlose Auswahl, dann auch hier das Gericht, das die Menschen verdient haben. – Menschen werden nur als Instrumente des Zornes benutzt, eben weil sie Gott so geschaffen hat. Schon im Alten Testament findet sich die Auskunft: Das Tongefäß darf sich beim Töpfer nicht beschweren, es ist entweder so oder so gemacht, Nachtgeschirr oder Tafelgeschirr. Sind wir nicht nur Demonstrationsobjekte der Macht dessen, der uns hier so hingesetzt hat? Gott ist der Herr, er ist niemandem Rechenschaft schuldig. Immerhin kann der Mensch klagen und sich beklagen, denn der Gott, der ihn so gemacht hat, ist keine tote Maschine. Gott ist Herr auch über Glauben und Nicht-Glauben. Vielleicht genügt die demütige Anerkennung, daß

Gott den Menschen eben so gewollt hat und sich am Ende aller erbarmt.

Rückfall ins Judentum

Ein Rückfall ins Judentum betrifft nicht die Adressaten des Paulus persönlich. Das ist bei den Adressaten des JohEv und des Hebräerbriefes anders, da sie zuvor Juden waren. Nein, Paulus kämpft dagegen, daß seine Auslegung des Christentums, das beschneidungs- und ritualgesetzfreie Heidenchristentum gezwungen wird, doch wieder Beschneidung und Ritualgesetz anzunehmen. Es geht also darum, ob das Christentum wieder jüdischen Charakter annehmen muß. Die Gefahr besteht deshalb, weil die Gegenseite sehr gute Argumente hat. Denn entgegen allgemeiner Ansicht ist das paulinische Christentum im Rahmen des 1. Jahrhunderts eine Außenseiterbewegung und theologisch nicht über jeden Zweifel erhaben. Die östlichen christlichen Kirchen haben sich denn auch viel intensiver judenchristlich und am Alten Testament orientiert (was zum Beispiel die weitläufige pseudo-clementinische Literatur erkennen läßt) als die späteren «Vulgärpauliner», zu denen die Christen im Westen des Römischen Reiches gehören.

Die Argumente gegen paulinisches Christentum und für ein judenchristlich ausgerichtetes Heidenchristentum waren hauptsächlich:

- Jesus war beschnitten, so auch Paulus und alle Apostel nach 1 Kor 15, vgl. 2 Kor 11,22.
- Die Art, in der Heidenchristen mit dem Alten Testament umgehen, ist ungeklärt, und das gilt bis heute. Warum gilt z. B. das Sabbatgebot nicht? Wenn Paulus die Beschneidung für heidenchristliche Anhänger des Gottes Abrahams und Jesu Christi abschafft, und zwar mit Hinweis auf den Geistbesitz, so ist das theologisch so wenig klar, daß wir noch heute alle Mühe darauf verwenden müssen, hier eine klare Argumentation zu rekonstruieren. Das kann man tun, aber es bleibt eine wissenschaftliche Hypothese.
- Genauso ist es mit den übrigen Teilen des Ritualgesetzes und mit dem Tempel. Wir sagen: Das ist mit Jesu stellvertreten-

dem Tod «erfüllt» und überflüssig. Aber zwingend ist diese Deutung schon deshalb nicht, weil eben auch die Funktionsweise des Todes Jesu (eines Menschenopfers?) theologisch bis heute umstritten ist. Und auch hier müssen wir mühsam rekonstruieren, da eine klare Aussage zur Geltung des Ritualgesetzes bei Paulus fehlt.

– Paulus hätte sich wenigstens an das Aposteldekret halten können. Darunter versteht man die auf dem Apostelkonvent des Jahres 49 beschlossene Regelung für Heidenchristen in Antiochien, dessen Abgesandter Paulus neben Silas war, wonach diese kein Götzenopferfleisch, kein Blut, nichts Ersticktes essen und keine Mischehen mit Heiden eingehen dürfen (Apg 15,20). Zwar meint die Forschung weithin, daß diese Vereinbarung, weil sie in Gal 2 fehlt, gar nicht auf dem Konvent beschlossen, sondern vielleicht von Lukas später erdichtet wurde (s. o.). Aber das dient doch nur allzu durchsichtig der Entlastung des Paulus und des sich auf ihn berufenden Christentums. Die Zeiten, in denen man der Apostelgeschichte nichts glaubte, sollten vorbei sein. Wenn Paulus in Gal 2,6b sagt «Mir persönlich haben sie nichts auferlegt», so meint diese Distinktion recht deutlich: Der Gemeinde in Antiochien haben sie wohl etwas auferlegt, aber nicht Paulus persönlich, der sich mittlerweile – zur Zeit der Abfassung des Galaterbriefs – von der Gemeinde in Antiochien gelöst hatte. Ob die Jerusalemer für diese feine Distinktion viel Sinn gehabt haben, ist mehr als fraglich. Offenbar war dieses der wunde Punkt, denn das Aposteldekret regelte wohl das Verhältnis zum Judentum in gemischten Gemeinden. Wenn man es auf die heidenchristliche Kirche im ganzen übertragen würde (was einige Ostkirchen bis heute tun), dann bedeutet es doch ein erheblich stärker judenchristliches Christentum.
– Es wurde bereits zum Thema Abraham dargestellt, wie kühn die Argumentation des Apostels Paulus ist, wenn es um die Abrahamskindschaft der Heidenchristen geht.

Mittlerweile kann man sagen: Die Kirchengeschichte des Westens ist seit fast 1500 Jahren anders und eher im Sinne des Paulus verlaufen, und darin kann man, wenn man will, den Weg

Gottes mit der Kirche erkennen. Es sollte nur gezeigt werden, daß dieser Weg im 1. Jahrhundert gar nicht so klar und selbstverständlich war, wie er heute erscheint und daß das Christentum sich davor hüten sollte, diese Grundfragen zu vergessen, zu denen auch die gehört, wie es sich zum Alten Bund verhält.

Im Galaterbrief (4,9–11) schildert Paulus zur Abschreckung für die Gemeinde die Implikationen ihres Wunsches, sich beschneiden zu lassen: Die Hinkehr zum Judentum ist für ihn gleichbedeutend mit einer Rückkehr zum Heidentum. Denn wer das jüdische Ritualgesetz beachte, der falle zurück unter die Herrschaft von «Elementen», weil Neumonde und Sabbate (Tage, Monate, Jahreszeiten, Jahre) einzuhalten nichts anderes sei als Astrologie, Sklaverei gegenüber Gestirnen und anderen Mächten. Paulus betrachtet sein (Juden-)Christentum mithin auch als besonders aufgeklärte Stufe des Judentums. Die kalendarischen und rituellen Aspekte, die es vor Christus mit anderen Religionen gemeinsam hatte, sind nun aufgegeben. Erst als Christentum ragt das Judentum heraus aus den anderen Religionen.

Gefährdung durch Leiden

Für jeden einigermaßen lebensfrohen Menschen muß es eine beträchtliche Anfechtung sein, wenn seine «neue» Religion ihm unausgesetzt Leiden einträgt. Das gilt nicht nur für Paulus selbst, sondern auch für seine Gemeinden. Diese mußten nicht nur mitansehen, wie es Paulus erging, sondern waren auch selbst Leiden ausgesetzt, wie Paulus in seinen Briefen öfter vermerken muß: 1 Thess 2,14 scheibt Paulus den Thessalonichern: «Ihr habt euch an den Christengemeinden in Judäa ein Beispiel genommen. Ihr habt dasselbe erlitten wie sie. Was sie von den Juden erleiden mußten, habt ihr von euren Landsleuten erleiden müssen.» Ähnlich in 3,2–5 und 2 Kor 1,3f.

Die Leiden um des Glaubens willen sind für Paulus ein Erkennungsmerkmal dafür, daß er und die Gemeinde auf der richtigen Seite stehen. Besonders deutlich wird das theologisch in Röm 8,17–23: Wer das Leiden dieser Welt um Leiden mit Christus werden läßt, wird auch an dessen Triumph teilhaben.

Für Paulus ist das Leiden notwendig mit dem Status der Welt und ihrer Vorfreude auf das Größere gegeben – das zeigt das Bild der Wehen, von denen die gesamte außermenschliche Kreatur ebenso betroffen ist. Dieser Status wie auch die Hoffnung werden beide verschärft für diejenigen, die zu Christus gehören. Im Rahmen des Dualismus zwischen Gott und Welt und der Kreuzestheologie wird derjenige, der zu Christus gehört, geradezu natürlicherweise noch mehr leiden, als es der Welt ohnehin beschert ist. Denn wer zu Gott gehört, dem kann es hier nicht gutgehen, weil der Gegensatz zwischen Gott und Welt so mächtig ist. Wenn es einem Christen hier gutgeht, dann ist das eher verdächtig.

Daß Paulus immer wieder entkommt und nach 2 Kor 1,9f in der Privinz Asia sogar aus Lebensgefahr gerettet wurde, ist ein schwacher Trost. Er trägt das «Sterben Jesu Christi» an seinem Leib (2 Kor 4,10) – eine Anfechtung vielleicht mehr für seine Gemeinden als für den Apostel selbst.

Gefährdete Heiligkeit

Für Paulus ist die Gemeinde ein heiliger Tempel, geheiligt durch den Heiligen Geist Gottes. Auf diese Weise ist die Gemeinde als Gottes Haus und Eigentum bestimmt, freilich nicht um sich selbst zu genügen, sondern um Gottes Anspruch auf alle Menschen anzuzeigen. Eine Gemeinde der Heiligen ist deshalb gerade in ihrer Ausgegrenztheit eine werbende, missionarische Gemeinde. Denn Heiligkeit besteht immer im Kontrast zu Unheiligem. Wo die Gemeinde diese Kontrastfunktion verliert, ist sie als Vorposten Gottes unter den Menschen sinnlos geworden. Daher erinnert Paulus die Thessalonicher (1 Thess 4,3–8) daran, daß die Heiligkeit, der Status der Gemeinde, den heidnischen Maßlosigkeiten und egoistischen Triebhaftigkeiten, nämlich Sexgier und Besitzgier, entgegengesetzt ist.

Im 1. Korintherbrief sieht Paulus mit der Heiligkeit der Gemeinde auch ihren missionarischen Wert nach außen in Gefahr. Er prangert den Sexskandal in 1 Kor 5 an, weil die Gemeinde durch Zulassen dieses Falles sichtlich noch unter das Niveau der

Heiden abrutscht. Auch zu einer Dirne zu gehen, ist schlechte Reklame für das christliche Menschenbild, das nicht auf Ausbeutung, sondern auf Gerechtigkeit beruht (1 Kor 6,12–20). Wegen der Schädlichkeit für das missionarische Image sind Prozesse, die Christen gegeneinander vor öffentlichen Gerichten führen, keine gute Reklame für Christen, die lieber gar keine Prozesse führen sollten (1 Kor 6,1–11). Das Essen von Götzenopferfleisch vor Nicht-Christen, die auf die Inkonsequenz aufmerksam machen, ist ein Versagen im missionarischen Bekennen. Auch Streitigkeiten beim Abendmahl (1 Kor 11) und Chaos in der Gemeindeversammlung (1 Kor 14) sind Ärgernisse, weil sich für eine Gruppe, die religiös so stark von der Norm abweicht wie die Christen, die strikteste Einhaltung bürgerlicher Maßstäbe der Ordnung zwingend nahelegt. Denn wer sich «ordnungspolitisch» ins Aus begibt, hat religiös nichts mehr zu sagen.

Im Zusammenhang mit dem Ordnungsbild der christlichen Gemeinde entwirft Paulus in 1 Kor 7 eine für damalige Sicht revolutionäre Ehe- und Sexualmoral. Häufig hat man gerade dieses Kapitel attackiert, weil es Paulus als Frauenfeind entlarve. Gerade das Gegenteil ist der Fall. Mir ist kein Schriftstück aus der Zeit des Apostels Paulus bekannt, das so genau darauf achtete, Frau und Mann in gleicher Weise Gerechtigkeit zukommen zu lassen. Wo immer Paulus über den Mann spricht, wiederholt er Analoges auch für die Frau. Für Paulus ist die christliche Gestalt der Ehe eine sichtbare Inszenierung der Botschaft, deshalb legt er so viel Wert auf eine Ordnung, die dem Evangelium, den persönlichen Heiligkeitsvorstellungen des Apostels und der Gerechtigkeit entspricht.

Bedrohte Kirche und Gemeinde

Im Unterschied zu anderen Gruppen ist die Gemeinde «heiliger Tempel Gottes», Ort der Anwesenheit des Geistes. In Konkurrenz zum römischen Staat ist sie Leib des Christus, weil römische Literaten immer wieder vom Volk der Römer oder des Reiches als einem Organismus, eben einem Leib, sprachen. Der

Kaiser wurde dann auch als das Haupt betrachtet, so wie Christus im Epheser- und im Kolosserbrief das Haupt der Gemeinde ist. Nach innen aber ist die Gemeinde «Gemeinschaft» (*koinonia*), also ein freundschaftlicher Verbund mit gewichtigen Gemeinsamkeiten.Über die Frage, wie sich die Ortsgemeinde zur Gesamtkirche verhalte, ist oft gestritten worden. Paulus scheint diese Frage in Analogie zu den Synagogen zu beantworten. Jede Synagoge ist Israel. Der Satz «Friede über Israel», den Paulus in Gal 6,16b zitiert, stand an zahlreichen Synagogen außen über dem Portal. Wichtig aber ist: So wie jede Synagoge «Israel» ist, so ist jede Kirche «die Kirche». Sie ist ein vom Ganzen unabtrennbarer Teil und daher Leib Christi wie die Gemeinden alle zusammen auch. Das Verhältnis zwischen Ortsgemeinde und Gesamtkirche ist das von Repräsentanz und Darstellung des Ganzen im Teil, wie das Verhältnis von Mikrokosmos zum Makrokosmos.

Die Gemeinde vor Ort wird auch mit dem Bild der Familie beschrieben. Dadurch, daß Jesus der Herr ist, sind alle untereinander Geschwister. Diese Folgerung findet sich besonders im Zusammenhang mit dem Tod Jesu: Weil er für alle gestorben ist, sind «alle» in der Gemeinde einander Geschwister geworden (1 Kor 8,11; Röm 14,15). Das hat erhebliche praktische Konsequenzen: Die Freiheit meines Gewissens wird begrenzt durch das Gewissen meines Bruders. Mein Gewissen ist nicht autonom, sondern heteronom oder theonom (d. h. das Gesetz des Schöpfers ist maßgeblich). Daher darf ich nicht tun, was ich will oder für unbedenklich halte. Wenn mein Bruder das nicht auch tun könnte bzw. durch mein Tun zu etwas angestiftet würde, das sein Gewissen belastete, dann würde er in seinem Gewissen befleckt. Paulus geht bei diesem Schluß davon aus, daß unter Geschwistern jeder guten Gewissens dasselbe tun dürfen muß. Offenbar gibt es in den paulinischen Gemeinden einen starken Herdentrieb bzw. eine Neigung zum Konformismus. Jedenfalls gilt der Grundsatz: Alles, was ich tue, muß ich auch meinem Bruder zumuten können. Da aber manche Geschwister ein religiös sehr empfindliches Gewissen haben, darf ich eben mit Rücksicht auf deren Gewissen nicht alles tun, was ich für mich selbst durchaus tun könnte, wenn es nur mich gäbe. Paulus ist also ein religiöser Individualismus absolut fremd. – Ähnlich hatte er ja auch wiederholt dazu aufgefordert, im ganzen christlichen Verhalten ihn, den Apostel, nachzuahmen.

Dem entspricht, daß der Maßstab des christlichen Handelns das Aufbauen der Gemeinde ist (Röm 15,2 und 1 Kor 14,26). Das heißt: Die Gemeinde wird nicht nur organisch – als Leib – vorgestellt, sondern auch architektonisch – als Bau. Beides ergänzt einander. Beim Leib gilt das Mitbetroffensein z. B. durch Freude und Schmerz, das einzelne Glied ist also tendenziell passiv. Beim Bau geht es eher um das aktive Stützen. Das beginnt beim Trösten und endet bei der prophetischen Rede, die dem anderen helfen soll. Daher «fällt» das nicht übersetzte Zungenreden «durch», denn es hilft dem anderen nicht.

Auch die Kreuzestheologie hat ihre Konsequenzen für die Gemeinde: Gott hat diejenigen an die Spitze gesetzt, die nicht nach menschlichen Maßstäben die Stars sind, sondern die völlig unspektakulär sind. Wenn Paulus daraufhin im nächsten Vers (1 Kor 12,28) «erstens Apostel, zweitens Propheten, drittens Lehrer» nennt, so nimmt er sicher Bezug auf 1 Kor 4,8–11, wo er vom Apostolat gesagt hatte: «Uns Apostel hat Gott als billige Ausschußware gedacht, als wären wir sowieso zum Tode verurteilt. Denn für die ganze Welt, für Engel wie für Menschen, sind wir die Witzfiguren einer Jahrmarktskomödie.» Diese ironische Invektive ist zugleich, wie 12,28 zeigt, bitterer Ernst. Denn in Korinth spielt das Zungenreden eine maßgebliche Rolle für die soziale Rangordnung. Paulus sieht darin, falls es ungeregelt verläuft, nichts weiter als schädlichen Individualismus.

Im übrigen ist Paulus ein geschickter Kirchenpolitiker, der, wie Kirchenpolitiker aller Zeiten, eher auf Kompromiß als auf radikale Geradlinigkeit setzt und vor allem Ärgernis nach außen hin vermeiden will. Die Last der Lösung trägt dann jeweils der private Bereich. So will er zwar Ehescheidung untersagen, gestattet aber Getrennt-Leben, wenn es denn schon sein muß. So bemängelt er, daß in Korinth beim Herrenmahl die einen etwas essen und die anderen nichts haben. Aber statt ein gemeinsames Büffet vorzuschlagen, das es in antiken Vereinen durchaus gibt, rät er, jeder solle zu Hause essen. Der Weg des Friedens ist hier gerade nicht die radikale Liebe im Sinne des Grundsatzes, daß Freunden «alles gemeinsam» sei. So ist er zwar selbst ein «Starker», aufgeklärt und nicht ängstlich «abergläubisch», aber er schränkt die Freiheit der Starken ein, wenn es den «schwachen» Bruder verletzen oder einen Außenstehenden zu Zweifel an christlicher Geradlinigkeit verführen könnte (1 Kor 10). So wünscht er sich eigentlich, daß alle ehelos leben wie er selbst und sagt auch ausdrücklich, daß man nur so dem Herrn ganz gehört und ungestört für ihn arbeiten kann (1 Kor 7,7.32–34), doch gestattet er die Ehe, damit größerer Schaden (Prostitution) verhindert wird. So ist die Ehe hier der vorgeschlagene Kompromiß. Und eigentlich sollten Christen überhaupt keine Rechtshändel gegeneinander führen. Aber wenn es schon sein muß, dann innerhalb der Gemeinde und nicht vor heidnischen Gerichten, denn dann schadet es dem Ansehen der Gemeinde. In seinen Kompromissen erweist sich Paulus daher als Realist. Diese Kompromisse sind nicht von liebevoller Einfühlsamkeit in die Seelen der Menschen geprägt, sondern von Nutzen oder Schaden für die Gemeinde – und deshalb waren diese Regelungen hier zu besprechen.

Zum Stichwort «bedrohte Kirche» ist noch ein ganz besonderer Text zu erwähnen, der in der Forschung eine nur geringe Rolle spielt. In Gal 4,21–31 wird das himmlische, das «obere» Jerusalem als Mutter der Christen bezeichnet. Jüdische Texte kennen wohl das neue Jerusalem, das dereinst sein wird. So wird es auch nach der Offenbarung des Johannes ein neues Jerusalem geben, das vom Himmel herabkommt. Aber nirgends zuvor gibt es ein gegenwärtiges himmlisches Jerusalem, das noch dazu in deutlichem Kontrast zum irdischen steht. Denn das obere Jerusalem ist nach Auskunft des Apostels Paulus «frei» (von Beschneidung und Ritualgesetz), das irdische dagegen wird im Bild der Sklavin geschaut. Und das eine verfolgt das andere wie Esau den Jakob. – Der Kontrast zum irdischen Jerusalem ist aber bei demselben Bild wenigstens implizit gegeben in Hebr 12,22. – Paulus gibt mit dem Stichwort «oberes Jerusalem» ähnlich wie am Schluß des Galaterbriefs mit dem Stichwort «Israel» den Heidenchristen in Galatien eine jüdisch fundierte Legitimität, die doch eben nicht in Beschneidung und Observanz des Ritualgesetzes besteht. Ähnlich wie bei der Abrahamskindschaft für Heidenchristen weiß Paulus genau, daß auch Heidenchristen ohne eine jüdisch bestimmte Identität nicht auskommen. Höchst geschickt sagt die Anbindung der Galater an das himmlische Jerusalem etwas über ihre im Rahmen des Judentums begründete kirchliche Identität, ohne an der Verbindlichkeit aller Teile des Gesetzes festzuhalten. Man kann also sagen: Die theologische Identität der Gemeinden ist Judentum minus Beschneidung und Ritualgesetz.

Die Verfehlungen der Christen

Die Sünden der Christen bis zum Eintritt in die Gemeinde werden durch die Taufe getilgt. Die Taufe ist nicht wiederholbar. Wer Jesus zu seinem Anwalt erklärt, hat Anteil an der sündentilgenden Kraft seines Todes. Aber was ist mit den Sünden, die die Christen ganz offenkundig nach der Taufe begehen? Dieses Problem hat seit Paulus ganz wesentlich die innere Geschichte des Christentums bestimmt und hat über das Ablaßwesen u. a. zur Reformation geführt, in der auch das Bußsakrament abgeschafft wurde. – Für Paulus genügt jedenfalls in seinen früheren Briefen nicht die Fürsprache des erhöhten Christus bei Gott, die er in Röm 8 bespricht; vielleicht ist Röm 8 dafür Zeugnis, daß Paulus später eine andere Konsequenz gezogen hat als noch im 1. Korintherbrief. Andererseits hat Paulus die Fürbitte füreinander jedenfalls unter Menschen auch schon früher gekannt. Doch dieser Weg scheint nicht auszureichen.

In 1 Kor 5, 4–7 muß Paulus der Gemeinde nahelegen, den Mann, der mit seiner Mutter ein Verhältnis hat, aus der Gemeinde auszuschließen. Dabei übergibt die Gemeinde diesen Mann «dem Satan», was zweifellos zumindest dessen physisches Ende beschleunigt. Vers 5 kann jedoch auch so verstanden werden, daß durch die Übergabe dieses Mannes an den Satan der Heilige Geist der Gemeinde, den sie kollektiv besitzt, gerettet, d. h. vor Befleckung verschont wird. In jedem Falle aber wird durch die physische Vernichtung eines schuldigen Menschen offenbar die Befleckung, die dieser der Heiligkeit der Gemeinde und sich selbst zugefügt hat, gelöscht. Offensichtlich hilft es nicht, bis zu seinem natürlichen Ende zu warten. Nur der vorzeitige Tod befreit ihn oder die Gemeinde vom Flecken der Schuld. Ähnlich geht es auch in 1 Kor 11,29–32 um den vorzeitigen Tod: «Die Gemeinde ist Leib Christi. Wer das für das Mahl nicht bedenkt, *zieht Gottes Strafgericht auf sich. Deswegen sind so viele krank und schwach bei euch oder sterben früh.*» Der Katalog der Strafmaßnahmen ist hier noch um Krankheit und Schwäche erweitert. Im Unterschied zu Kapitel 5 ist hier Gott derjenige, der die Strafen selbst verhängt und das auch schon getan hat. Diese Strafen haben offensichtlich warnenden Charakter. Paulus interpretiert sie im Sinne der Erziehung, die der traditionelle biblische Satz «Wen der Herr liebt, den züchtigt er» (Spr 3,11f, vgl. Hebr 12,6) formuliert. Denn die Züchtigung ist eine Besserungsstrafe. Dabei sollen nicht die Menschen geheilt und gerettet werden, die die Strafe jetzt tragen müssen, sondern die Gemeinde im ganzen soll sich ändern, weil einige bestraft worden sind. Insofern gibt es mehrere Unterschiede zu 1 Kor 5. Was für moderne Menschen unverständlich ist, dürfte in beiden Fällen die offensichtliche Instrumentalisierung physischen Leidens und Sterbens sein. Hat das Christentum denn hier gar nichts verändern können? Nach 1 Kor 5 wird die Gemeinde selbst durch die Übergabe eines Mitglieds an den Satan Ursache des Sterbens. Nach 1 Kor 11 ist sie de facto durch ihr Fehlverhalten Ursache für das Leiden einiger aus ihrer Mitte geworden. Leiden und Sterben stehen daher wieder – man dachte, diese Zeiten seien überwunden – im Zusammenhang mit sittlichem Fehlverhalten (Sexskandal in 1 Kor 5; Beschämung einzelner beim Herrenmahl in 1 Kor 11). Zum Verständnis ist dreierlei zu beachten:

Erstens: Das Verhalten der Gemeinde wiegt deshalb so schwer, weil sie die Gemeinde der Heiligen ist und weil es beim Herrenmahl um die durch den Herrn selbst physisch gestiftete und daher gesegnete, geheiligte Einheit geht. Je heiliger das betroffene Gut ist, um so schlimmer sind die Bestrafungen; auch an Ananias und Saphira in Apg 5,1–11 (vorzeitiger Tod wegen Belügen des Heiligen Geistes) wurde das erkennbar.

Zweitens: Beim «Heiligen» steht ein archaisches Tabu auf dem Spiel. Hier gibt es keine Vergebung, sondern nur die genau der Tat entsprechende Vergeltung. So formuliert Paulus das übrigens auch in 1 Kor 3,17: Wer den Tempel des Herrn zerstört, den wird Gott zerstören. Dieses Tabu ist nicht durch Abmilderung «christianisierbar», da die Heiligkeit Gottes die absolute Voraussetzung für alles Erbarmen ist. Es geht um eine Frage des Gottesbildes. «Heiliges» ist Gottes Eigentum, und zwar in der Weise, daß er dort physisch präsent ist. Daher hat die Verletzung des Heiligen praktisch dieselbe Bedeutung, wie die Berührung einer Starkstromleitung. Im Alten Testament entspricht dem die Berührung der Bundeslade; die Gegenwart Gottes auf der Lade ist bei Paulus ersetzt durch die Gegenwart in der Gemeinde. Das belegt übrigens auch 1 Kor 14,25 («Gott in eurer Mitte!»).

Drittens: Es geht nicht um Gedankensünden, sondern um leibliche Sünden. Das gilt vom Sexskandal wie vom Essen vom Leib des Herrn. Daher sind auch die Folgen leiblicher Art.

Fazit: Was uns als vorchristlich-archaisch erscheint, ist in Wahrheit der Rahmen und die Vorausbedingung auch des Christlichen. Wer meint, daß Paulus hier überholt wäre, der verkennt die Grundlage seines Verständnisses von Gemeinde und Herrenmahl: Es handelt sich um die neutestamentlichen Orte der absoluten und gefährlichen Gegenwart des lebendigen Gottes. Dieser ist keineswegs fern im Himmel, sondern jetzt und hier gegenwärtig – mit allen Konsequenzen. Es wird daran erkennbar, daß Paulus nicht willens und in der Lage ist, den Heiligen Gott einfach durch den «lieben Gott, der nichts tut» zu ersetzen.

Auch in 1 Kor 3,17 fällt die Mitleidslosigkeit Gottes auf: «Wer den Tempel Gottes zerstört, den wird Gott zerstören.» Gemeint sind Aktivitäten, die die Gemeinde spalten. Das stellt den Zusammenhang zu 1 Kor 11 her, denn auch dort kämpft Paulus mit seiner Rede gegen die Spaltungen beim Herrenmahl. Gott ist mitleidslos, wenn es um sein heiligstes Recht geht. Gerade die

Zusammenschau von 1 Kor 3,17 und 11,18–20 läßt erkennen, warum das so ist: Es ist, als ob man Gott selbst zerteilte. Und weil er der eine ist, ist Spaltung das sakralrechtliche Grunddelikt. Gott kann man nicht teilen. Dagegen muß er sich mit Händen und Füßen wehren, denn zerteilt gäbe es ihn, den einen und einzigen nicht mehr. Deshalb ist bereits der Versuch tödlich.

Diese Interpretation der Sünden der Korinther findet sich in der Forschung bisher nicht, und es ist auch gut begreiflich, warum der liberale Protestantismus, der grundsätzlich die Exegese beherrscht, darauf nicht gekommen ist. Trotz Rudolf Otto ist die Entdeckung der Kategorie des Heiligen jedenfalls in der christlichen Religion wieder in den Anfängen.

Starke und Schwache

Starke und Schwache sind ein besonderes Problem in den Gemeinden von Korinth und Rom. Die «Starken» sind offensichtlich aufgeklärte und «weltoffene» Christen, die sich von der Vernunft leiten lassen und die im Sinne des «vernünftigen» biblischen Monotheismus erklären können, daß es die alten Götter nicht gibt und daß sie daher auch nicht schaden können, auch nicht durch den Verzehr von Götzenopferfleisch. Es war bei der Schlachtung von Tieren außerhalb des Judentums generell üblich, sich durch eine Formel gewissermaßen bei den Göttern dafür zu entlasten, daß man eines von «ihren» Tieren tötete; noch heute ist im Islam bei der Schächtung eines Tieres über dem Tier ein Gebet in Richtung Mekka vorgeschrieben. Insofern war praktisch alles Fleisch, das man kaufte, den Göttern geweiht. Wenn es aber nun diese Götter gar nicht «gab», bestand für aufgeklärte Christen auch kein Problem, Fleisch zu essen, das man kaufen konnte, mochte es auch hundertmal mit einer Formel Göttern geweiht sein. So waren die Starken und mit ihnen auch Paulus der Meinung, daß Götzenopferfleisch nichts mit Götzen zu tun hat, da es sie gar nicht geben konnte.

Andere dachten da anders: Die Götter waren für sie Dämonen, Totengeister vielleicht, die die Menschen in die Irre lockten und die es natürlich «gab», auch wenn sie jetzt durch einen Stärkeren besiegt waren. Im Grunde zeigen die Exorzismen in den synoptischen Evangelien wichtige Aspekte dieses Sieges des wahren Gottes über die Dämonen. Jesus besiegte die Feinde Gottes. Doch wenn sie zurückkamen, mußte man sie fürchten. Mußte man nicht jeden Anschein der Mitwirkung am Götzendienst vermeiden, indem man Fleisch, das den Götzen geweiht war, nicht kaufte? Man muß, um nicht ungerecht zu urteilen, das Problem in aller Schärfe sehen: Den Götzen geweihtes Fleisch zu kaufen und zu verzehren bedeutete, zu deren Bedingungen rituell zu essen. Denn nicht nur im Judentum war und ist Essen ein ritueller Vorgang, auch in der gesamten paganen Umwelt ist das so (und bisweilen auch noch heute bei Christen, die ein Tischgebet sprechen). Insbesondere wer durch das Judentum vorgeprägt war und jeder, der religiös sensibel war, konnte und durfte aus Gewissensgründen kein Götzen geweihtes Fleisch essen. Der Ausdruck «Götzenopferfleisch» kommt übrigens daher, daß ein Teil des Fleisches immer den Göttern geopfert wurde und dadurch der Rest des Fleisches geheiligt war – ähnlich wie bei der Teighebe nach Röm 11,16 im Judentum: Ein Teil des Teiges wird «abgegeben» dadurch ist der Rest geheiligt. Paulus sind also diese Gedanken durchaus vertraut.

In der Gemeinde von Rom dürften die «Starken» ähnlich gedacht haben wie in Korinth. Nur die Schwachen waren dort anders, es waren wohl Judenchristen oder judenchristlich gesonnene Heidenchristen, die das Christsein als eine fortwährende Buße betrachteten und die deshalb vegetarisch und unter Weinverzicht lebten. Jüdische Nasiräer (Alkoholverzicht) und Vegetarier (Pflanzenkost als Zeichen der Buße) waren das Vorbild. Schon Johannes der Täufer kombinierte als Umkehrprediger beide Arten von Askese. Es waren also asketische, observante Christen, mit denen Paulus in Rom rechnete. So zu leben mußte zu Spannungen mit «Aufgeklärten» führen, die womöglich zusätzlich im Namen der ritualfreien Heidenmission paulinischen Typs argumentierten, sie ließen sich durch die Bußbewegten nicht einschüchtern. Paulus muß nun an beiden Orten mit den Spannungen zwischen religiös weniger Empfindlichen und «Religiösen» fertigwerden. Diese Spannungen müssen gerade wegen der Neigung zu Nachahmung und Konformismus in frühen Gemeinden erheblich gewesen sein. Auch in Gal 2,14 ist das übrigens die Grundlage der Argumentation: Durch das Reagieren des Petrus können sich die Heidenchristen um der zu bewahrenden Einheit willen gezwungen sehen, jüdisch zu leben. Paulus versucht, diese Spannungen zu lösen, indem er in beiden Fällen die Schwachen schützt, wenn auch in unterschiedlicher Weise. Im Römerbrief ermahnt er die Schwachen zusätzlich, die Starken nicht religiös zu verurteilen. Denn es liegt ja immer nahe, sich über die religiöse Sorglosigkeit anderer zu erheben.

Die hauptsächlichen Argumente zum Schutz der Schwachen: Sie dürfen nicht gegen ihre Überzeugung handeln, denn dann verurteilt sie ihr Gewissen. Und Christus ist für alle gestorben, daher ist jeder gleich wertvoll. Oder: Alle haben denselben Richter. Wer dem Bruder einen Grund zur Irritation liefert, sündigt an Christus. In 1 Kor 9 nennt sich Paulus selbst als Beispiel dafür, daß man auf Rechte, die einem zustehen, verzichten können muß. Das ist hier an die Adresse der Starken gerichtet, die um der Schwachen willen von ihrer Freiheit, Götzenopferfleisch zu essen, keinen Gebrauch machen sollen.

Gefährdete Ordnung

Paulus erweist sich darin als hellenisierter Pharisäer, daß er die Ordnung hochschätzt und sie mit der gleichfalls hochgeschätzten Vernunft gleichsetzt. Und – für deutsche Hörer erstaunlich – für Paulus sind Vernunft, Ordnung und Liebe identisch. Denn er versteht Liebe nicht als sensibles privates Betroffensein, als Mitleid oder als Zuneigung, sondern als Summe der Gerechtigkeit im Miteinander, als praktische Solidarität (Röm 13,8–10). Daher sieht er in Röm 12,3 das Vernünftigsein (und die Nichteinmischung in fremde Angelegenheiten) als das Wichtigste an, als Überschrift für alle dann folgenden Mahnungen. Wenig später faßt er Racheverzicht, Achten der Obrigkeit einschließlich Steuernzahlen und Dekaloggebote (der 2. Tafel) in dem Satz «Du sollst deinen Nächsten lieben wie dich selbst» zusammen, und zwar unter der Überschrift: «Gegenüber jedem erfüllt eure

Pflicht und Schuldigkeit!» (Röm 12,8) Dabei ist die Unterwerfung unter die Obrigkeit, die Paulus fordert, nicht etwa ein Fremdkörper, sondern Teil des Racheverzichtes, den Paulus fordert. Weil die Obrigkeit Privatrache verhindert, ist sie ein Teil der göttlichen Ordnung. Sie steht damit gleichrangig und mit gleichem Resultat neben dem Gewissen des Menschen und dem Gericht Gottes. Alle drei Instanzen bestätigen einander gegenseitig im Aufweis von Unrecht und in einer angemessenen Bestrafung des Menschen (Röm 13,5).

Um die innergemeindliche Ordnung geht es Paulus an drei Stellen des 1. Korintherbriefs. Nach Kapitel 11 müssen Frauen beim Beten und prophetischen Reden eine Kopfbedeckung tragen. Das muß einerseits «wegen der Engel» so sein, denn Frauen sind, da Eva später als Adam und aus ihm erschaffen wurde, mit weniger Widerstandskraft gegenüber Attacken etwa mißgünstiger Engel ausgestattet. Die Kopfbedeckung dient also dem Schutz der Frau – wie übrigens auch der Schleier nach antik römischem und mandäischem Ritual. Die Fruchtbarkeit der Frau soll so geschützt werden. So heißt es 1 Kor 11,10: «Weil die Frau durch Engel gefährdet ist, [die ihren Leib unfruchtbar machen oder ihr Herz verwirren können,] muß sie ein zusätzliches Hoheitszeichen und einen Schutz auf dem Haupt tragen.» – Fast zur Begütigung fährt Paulus dann fort: «Doch in der Gemeinschaft mit Christus gibt es Mann und Frau nicht ohne einander, sondern nur zusammen. Denn Eva wurde aus Adam geschaffen, und jeder Mann kommt durch eine Frau auf die Welt. Beide aber kommen von Gott her.» (1 Kor 11,11f) Die weltanschauliche Voraussetzung ist: Beim Beten und prophetischen Reden begibt man sich in einen Raum zwischen Gott und Mensch, der gefährlich ist. Zur Ergänzung sei hier auf die rabbinische Weisheit verwiesen, nach der vier Menschen mystische Erfahrungen machten, und zwar mit unterschiedlichem Ergebnis: Der eine wurde dabei Atheist, der zweite starb, der dritte wurde wahnsinnig. Nur Rabbi Akiba konnte diese Erfahrung gut überstehen, denn er hielt die Torah ein. – Das bedeutet: Dem Bereich zwischen Gott und Mensch, mit dem es Beten, prophetisches Reden und eben alle Mystik zu tun haben, kann man sich nur ungefährdet nähern, wenn man auf strikte Ordnung in seinem Leben bedacht ist. Sonst nimmt man Schaden. Für Paulus besteht diese Ordnung eben in der Kopfbedeckung der Frau. In diesem Sinne ist vor allem das folgende paulinische Argument zu verstehen. Denn das zweite Argument für die Kopfbedekkung ist eines der Ordnung: «Doch ihr wißt ja selbst, daß es für eine Frau nicht schicklich ist, mit unverhülltem Haupt zu beten. Und uns lehrt schon die Natur, daß es sich für einen Mann nicht gehört, das Haar lang zu tragen, während für eine Frau langes Haar eine Auszeichnung ist, da sie ihr Haupt damit verhüllen kann. Wenn es hierüber Streit gibt, kann ich nur ein für allemal sagen: Wir und auch die anderen christlichen Gemeinden haben es nie anders gehalten.» (1 Kor 11,13–16)

Die zweite Stelle in 1 Kor 11, an der es Paulus um Ordnung geht, ist der Streit beim Herrenmahl. Paulus führt hier eine neue Abfolge der einzelnen Teile ein. Überliefert ist, wie er zitiert, die Abfolge Dank für das Brot – Sättigungsmahl – Segen über dem Becher. Paulus verlegt das Sättigungsmahl in die Häuser, so daß das Herrenmahl dann nur noch aus Dank für das Brot und Segen über dem Becher besteht. So ist es dann bis heute geblieben. Für Paulus hängt an dieser Stelle die Ordnung mit der Einheit Gottes zusammen und ist theologisch von absoluter Bedeutung. Die dritte Stelle im 1. Korintherbrief, an der es Paulus um Ordnung geht, ist Kapitel 14. Offenbar bestand der Teil der Gemeindeversammlung (des «Gemeindefests», würde man heute sagen), der auf das Mahl folgte – deshalb steht Kapitel 11 mit dem Herrenmahl voran –, in zwangloser Abfolge von Einzeldarbietungen, so wie das heute noch geschieht, wenn Fürbitten frei formuliert werden sollen oder wenn sich in quäkerischen Versammlungen, wie man glaubt, der Heilige Geist meldet. Paulus führt eine straffe Regelung ein: Menschen sollen nicht gleichzeitig reden. Wenn jemand etwas in einer anderen Sprache sagt (Zungenreden), soll es übersetzt werden. Grundsätzlich ist das prophetische Predigen vor dem Zungenreden zu bevorzugen. Wenn schon Zungenreden auftreten, dann sollen es höchstens zwei oder drei nacheinander tun, und dann soll jemand übersetzen. Für Frauen wird die Regelung getroffen, daß sie nicht in der

Versammlung nachfragen, sondern zu Hause ihre Männer fragen sollen, wenn sie Erläuterungen wünschen (14,34–35).

Alle diese Regelungen, die ebenso der ruhigen Klarheit dienen wie sie Spontaneität in gewissem Maße unterbinden, begründet Paulus so: «Gott liebt nicht das Chaos, sondern die Ordnung und den Frieden. Daher soll auch bei euch gelten, was in allen christlichen Gemeinden gilt.» (14,33) Oder so: «Denn es gehört sich nicht für eine Frau, in der Versammlung das Wort zu ergreifen» (14,35), oder zu demselben Punkt: «Das ist verboten, denn sie sollen sich unterordnen, wie auch das Gesetz vorschreibt.»(14,34) Und so: «Alles soll anständig und ordentlich geschehen.» (14,40)

Die Argumente sind schlicht und immer die gleichen: Maßgeblich sind das Gesetz, alle Gemeinden, der Anstand, die Ordnung, die Ruhe (Frieden). Man hat sich daran gewöhnt, auf diese Argumente des Apostels «genervt» zu reagieren und sieht hier generell Abstürze aus den Höhen der theologischen Spekulation, mit denen Paulus sonst zarte Geister begeistern kann. Denn «Ordnung» und «Gesetz» identifiziert man hierzulande mit «law and order» und «politisch rechts», während Religion seit einiger Zeit «politisch links» zu stehen scheint. Daher entsteht hier ein Rezeptionshindernis gegenüber Paulus, das emotional bedingt ist, aber nicht viel Fähigkeit zur historischen Rekonstruktion angesichts einer wesentlich anderen Kultur verrät. Nein, Paulus ist hier nicht in moderne Schubladen einzusortieren, sondern zunächst einmal zu verstehen. Dann kann man immer noch darüber streiten, ob man seine praktischen Konsequenzen übernimmt. Aber das sind zwei Schritte, die historische Rekonstruktion (soweit nach besten Kräften möglich) und die Applikation.

Die Ordnungs-Theologie des Apostels Paulus rührt her aus der Hochschätzung der Vernunft gegenüber aller Maßlosigkeit. Das Gegenbild ist Sünde als maßloser Egoismus, der zerstörerisch ist wie alle radikalen Süchte. Letztlich aber ist die Bewertung von Vernunft und Maß bei Paulus abhängig von seinem Gottesbild. Gott ist der Schöpfer und daher können Liebe und Ordnung einander nicht widersprechen. Denn durch Jesus Christus wurde die Ordnung der Welt erschaffen (1 Kor 8,5). Wegen dieser Einheit von Schöpfung und Erlösung scheint mir auch naturrechtliche Argumentation, wenn sie selbstkritisch und besonnen (und nicht ideologisch) erfolgt, grundsätzlich im Sinne paulinischen Christentums berechtigt zu sein.

Die Versuchung zu richten

Christen aller Jahrhunderte haben das Selbstwertgefühl und den Erkenntniszuwachs, den ihnen der Glaube eingebracht hat, gerne als Waffe gegen andere benutzt. Das ist aus der Sicht des Apostels Paulus auch in Rom die Gefahr. Daher scheint mir das praktische Thema des Römerbriefs die Mahnung zu sein, andere nicht abzukanzeln, zu «richten» oder negativ zu «beurteilen». Dieses ist durchaus eine Konsequenz aus der Rechtfertigungslehre. Denn wenn die Christen selbst gerechtgesprochen sind, von Gott nicht verurteilt, sondern akzeptiert werden, dann besteht für sie kein Grund, andere negativ zu beurteilen. Dieses Thema wird im Evangelium nach Matthäus, das Paulus grundsätzlich verwandt ist, im Gleichnis vom unbarmherzigen Sklaven zum Thema gemacht (Mt 18,23–31): Wer Vergebung empfangen hat, soll auch Vergebung weitergeben. Sonst hat das ganze Unternehmen keinen Sinn. Diese These wird auch dadurch bestätigt, daß «rechtfertigen/gerechtsprechen» zum selben juristischen Begriffsfeld gehört wie «richten», und zwar im Griechischen, im Lateinischen und im Deutschen.

Paulus formuliert schon zu Beginn des Römerbriefs markante Mahnungen: In 2,1–3 fragt er kritisch an: «Es gibt für dich, Mensch, keine Entschuldigung, wenn du andere *verurteilst*. Denn was du anderen vorwirfst, tust du doch selbst. Mit deinem Urteil gegen andere *verurteilst* du daher nur dich selbst. Wer so etwas tut, der wird unweigerlich von Gottes Strafgericht *verurteilt*. Meinst du wirklich, du könntest dem Strafgericht Gottes entkommen, wenn du genau das tust, was du bei anderen *verurteilst*.» In 2,27 fährt er fort: «Also ist es besser, unbeschnitten zu sein und das Gesetz zu erfüllen als Schrift und Beschneidung zu besitzen und das Gesetz zu übertreten. Die ersteren könnten über die letzteren zu Gericht sitzen, sie *verurteilen.*» Paulus redet hier Juden an, die sich auf ihren Besitz des Gesetzes nichts einbilden und andere nicht verurteilen sollen, da sie selbst nicht besser sind. Er destruiert daher das jüdische Auserwähltheitsbewußtsein von der moralischen Seite her. Das ist auch bereits prophetischer Stil.

Im Römerbrief greift Paulus das Thema später wieder auf, nun aber auf die römische Gemeinde bezogen: «Wer keine Speisegebote kennt, soll den, der sie befolgt, nicht verachten. Und wer sich an Einschränkungen hält, soll umgekehrt den anderen nicht *verurteilen.* Denn Gott hat ihn doch auch angenommen. Niemand würde ja auch den Sklaven eines anderen Herrn *zur Rechenschaft ziehen.* ... Deswegen gibt es gar keinen Grund, den Bruder oder die Schwester zu *verurteilen* oder zu verachten, denn wir haben denselben Herrn, und wir werden alle vor Gottes Richterstuhl treten müssen. Daher wollen wir nicht einer den anderen *verurteilen.* Dein Glaube ist eine persönliche und einmalige Lebensbeziehung zwischen Gott und dir, in der du nur dann glücklich sein kannst, wenn du dir nicht selbst *Vorwürfe machen* mußt, daß du ihr nicht gerecht wirst.» (Röm 14,3.4.10. 13.22) Die Mahnung, nicht zu richten, geht jetzt an judenchristlich gefärbte Christen.

Die andere Linie läuft über Röm 5,16.18: «Durch den Sündenfall eines einzigen Menschen kam Gericht und *Verurteilung* über alle. Durch die Gnadentat aber wurde der Sündenfall vieler als Gerechtigkeit gewertet. Der Sündenfall des einen führte für alle Menschen zur *Verurteilung.*» Zu dieser Linie gehört auch Röm 8,1.3: «Doch wir sind ja nicht allein, sondern alle mit Christus verbunden, und daher *verurteilt* uns kein Gesetz mehr. ... Doch dadurch daß Gott seinen Sohn als sterblichen Menschen gesandt hat, der uns Sündern ähnlich, aber doch kein Sünder ist, hat er die Sünde auf ihrem eigenen Feld, nämlich im Leib eines sterblichen Menschen, besiegt und *verurteilt.*» Hier wird nun nicht mehr moralisches Handeln angemahnt, sondern es wird gezeigt, wie aus der Verurteilung seit Adam nun Freispruch geworden ist und eine Situation, in der Christen niemanden mehr verurteilen.

Nach Röm 8,34 spricht Gott uns frei. Wer sollte uns da noch *verurteilen*? Das «Spiel» des Verurteilens oder eben Nicht-Verurteilens vollzieht sich zwischen Gott und Mensch sowie zwischen Mensch und Mensch. Wenn Gott die Verurteilung in Gerechtsprechung gewandelt hat, dann ist es unrecht, wenn ein Mensch den anderen noch verurteilt. Wo aber kein Verurteilen ist, da ist Frieden. Denn es entfällt der üblichste und gehässigste Grund zum Unfrieden, den anderen moralisch abzukanzeln. Im Verurteilen des anderen liegt nach Paulus die größte Gefahr für das Gerechtsein im Sinne der Konvivenz, bei der einer dem anderen die Möglichkeit gibt, mit ihm zusammenzuleben. Paulus sieht daher die Konvivenz nicht so sehr durch einzelne Missetaten bedroht als vielmehr durch eine bestimmte Mentalität. Oder anders gesagt: Das meiste Unrecht wird mit dem Kopf getan, nicht mit den Händen. Es ist immer wieder das begleitende, kommentierende Bewußtsein, das die Probleme bringt, nicht in erster Linie einzelne Schandtaten. Die Juden, die er in Kapitel 2 des Römerbriefs angreift, sind nicht gerechter oder ungerechter als andere auch, aber Unfrieden stiftet eine bestimmte Art von Hochmut und ein Herabsehen auf andere. So sieht er es als Gefahr gerade der Schwachen, und das heißt: der Frommen bei den römischen Adressaten.

In der praktischen Paränese des Römerbriefs, also in Röm 12f, soll dieser zugleich theologische und moralische Grundansatz seine Früchte tragen. Von 12,10 bis 13,7 entfaltet Paulus daher eine Friedensethik. Er begründet sie auch hier theologisch, doch steht das bis 8,34 Ausgeführte eher im Hintergrund. Der theologische Grund wird direkt im Gottesbild gesucht. Denn: «‹Mein ist die Rache, ich will Vergeltung üben›, spricht der Herr.» (Röm 12,19) Mit diesem strengen Satz zieht Paulus ein neues, zusätzliches Register im Sinne seines Anliegens, daß Verurteilen und Richten unterbleiben sollen. Im Grunde argumentiert er mit der Vorstellung vom Eigentum Gottes, das auch bei der «frühen» Ethik der Heiligkeit und Einheit (1. und 2. Korintherbrief) maßgeblich war. Das Gericht zu üben, ist allein Privileg Gottes. Niemand sollte versuchen, Gott dieses Eigentum zu entreißen. Auch hier geht es wieder um Sein oder Nichtsein

Gottes. Denn er allein steht dafür, daß es Gerechtigkeit gibt in der Welt. Gäbe es ihn nicht, so gäbe es in dieser Hinsicht keine Hoffnung.

Wichtig ist, daß der Gedanke an Rache, Gericht und Vergeltung im Christentum nicht einfach verschluckt wird. Vielmehr werden alle Rachephantasien auf Gott übertragen. Er kann damit anfangen, was er will. Es ist sein exklusives Recht. Wäre das allen Menschen bewußt, dann gäbe es Frieden auf Erden. Jede Vergeltung ist ein direkter Eingriff in Gottes eigenstes Recht. – Nun hat Gott freilich einen Helfer auf Erden, wenn es um Ordnung im Sinne von Gericht über gut und böse geht, und das ist die Obrigkeit. Man hätte Röm 13,1–7 im Kontext von Röm 12 lesen und als Ausdruck des paulinischen Ringens um Racheverzicht einordnen sollen, dann wäre es nicht zu den grotesken Versuchen gekommen, diese Stelle für unpaulinisch zu halten, weil es nicht christologisch sei, oder sie sonstwie zu eliminieren. Nur unter dem einen Aspekt ist die Obrigkeit nach Röm 13,1–7 für Paulus überhaupt interessant, daß sie das Faustrecht der privaten Rache verhindert. Daher schreibt hier Paulus keine Staatsmetaphysik, sondern im Gegenteil: Die Obrigkeit wird ganz schlicht als Gottes Assistentin eingeordnet. Nur aus diesem Grund teilt sie manche Attribute mit Paulus (z. B. «Diener Gottes»).

Freilich fehlt in Röm 13,1–7 das, was manche hier gerne sähen, nämlich eine kritische Relativierung der Obrigkeit. Der Fehler solcher Auslegungen ist, daß sie gerne in Paulus alles hineinlegen möchten, was ihnen selbst wichtig ist. Paulus übt hier keine Staatskritik, sondern er ordnet die Obrigkeit funktional seiner Argumentation ein. Denn das Gewissen, das Paulus in 13,5 nennt, soll ganz eindeutig nicht die Obrigkeit relativieren oder zum Widerstand gegen sie aufrufen, sondern es bestätigt sie im Urteilen über gut und böse. Und es gibt hier auch keinen «eschatologischen Vorbehalt» (etwa in Vers 5 «wegen des Zornes Gottes»), sondern der Zorn Gottes, das kommende Gericht, wird das Urteil der Obrigkeit über gut und böse nur bestätigen können. Denn laut 13,5 muß man sich «wegen des Zornes» der Obrigkeit unterordnen. – Nein, die Möglichkeit des Tyrannenmordes kann man mit Röm 13 nicht begründen. Aber wer auch dem Risiko der Vernunft etwas zutraut, muß nicht jede Handlung durch die Bibel legitimieren. Im übrigen gibt es im Neuen Testament noch Apg 5,29 und Apk 13, die über die Obrigkeit anders und z. T. strikt entgegengesetzt denken und auch teilweise andere Folgerungen ziehen, freilich nirgendwo die des gewaltsamen Widerstandes.

Die Versuchung, sein Prestige auf Sand zu bauen

Paulus spricht oft vom Sich-Rühmen, und er meint damit Dinge, die man für sein Prestige ins Feld führen kann (vgl. oben zur Kreuzestheologie). Zu den Spielregeln gehört, daß man sich nicht seiner selbst rühmen darf. Einerseits meint Paulus, daß man sich nur Gottes rühmen darf (1 Kor 1,31 mit Zitat Jer 9,22), doch andererseits rühmt er selbst sich seiner Gemeinde, setzt voraus, daß die Gemeinde sich seiner rühmen wird, und findet, daß sich auch sonst Gemeinden und Menschen voreinander rühmen (2 Kor 7,14; 9,2). Auch sich eines anderen Menschen zu rühmen ist also erstaunlicherweise beim Erfinder der Rechtfertigungslehre keineswegs illegitim! Das gilt sogar gegenüber Gottes Gericht (2 Kor 1,14). Paulus darf sich dann, so meint er, auf die Korinther berufen. Dieses Sich-Berufen auf jemanden hat damit auch Züge des antiken Patronatswesens.

Dieser friedlichen Seite des Spiels steht eine unfriedliche gegenüber, in der Sich-Rühmen zum Streit führt. Die Korinther führen mehrere Lehrer an, derer sie sich rühmen und auf die sie sich berufen. Offenbar hängt das auch mit dem Taufverständnis zusammen: Man beruft sich lebenslang auf den Lehrer, der einen getauft hat. Aus diesem Grund betont Paulus in diesem Zusammenhang, daß er froh darüber ist, in Korinth nahezu niemanden getauft zu haben außer Crispus, Gaius, Stephanas und sein Haus.

Paulus möchte diesen Streit in seinem Sinne beenden, indem er sich aus diesem Spiel herausnimmt. Er möchte keine Lehrautorität, kein «Schulhaupt» unter anderen sein, er möchte nur

Christus verkündigen und auf diese Weise seine Legitimität gewinnen. Ist das, so fragt der moderne Leser der Paulusbriefe, ein Trick, um sich zwar – auf den ersten Blick – kleiner zu machen, aber dann doch durch die untrennbare Verbindung mit Jesus Christus um so unentbehrlicher zu werden? Verfolgt Paulus nicht diesen «Trick» auch in 1 Kor 15,8–10, wo er sagt: «Zuletzt erschien er auch mir, diesem Pfuschwerk, der ich unter allen Aposteln der unwerteste bin, nicht wert, Apostel zu heißen, weil ich die Gemeinde Gottes verfolgt habe. Alles, was ich bin, bin ich durch Gottes Gnade. Was Gott mir gnädig geschenkt hat, ist jedoch nicht unwirksam geblieben: Ich habe *mehr als die anderen* gearbeitet, oder besser: Gottes Gnade hat mich als Helfer verwendet.» Auch hier ist Paulus einerseits nur «Pfuschwerk», doch andererseits verdankt er der Gnade mehr als die anderen; er ist also zumindest tatkräftiger als sie. Ist es berechnetes Spiel, durch Demut am weitesten zu kommen? Ist die Legitimität des Demütigen – und allein sie – schlechthin unausweichlich?

Ich denke, im Zweifelsfalle sollte man hier für den Angeklagten stimmen und nicht gegen ihn. Die Unschuldsvermutung gilt deshalb, weil Paulus weltweit der erste ist, der so argumentiert. Jede Nachahmung wäre abgeschmackt und der Berechnung zu verdächtigen. So ist es bei der Demut überhaupt, daß sie viel Phantasie erfordert und eben damit Liebe. Sowie sie nur Kopie ist, muß man sie der Anwendung eines Tricks verdächtigen. Sodann besteht für Menschen, die die Lebensumstände des Apostels glücklicherweise nicht teilen müssen, kein Grund, seine Liebe und Ergriffenheit zu bezweifeln. Bis zum Erweis des Gegenteils muß man davon ausgehen, daß Paulus es auch so meint, wenn er sagt «Wer an den Rockschößen des Herrn hängt, vermeidet Streit» oder «Wer sich auf die Gnade beruft, mit dem kann man nur gemeinsam dankbar sein.» Denn das «Allein Christus, allein die Gnade» ist zunächst eine religiöse Option – und keine moralisch zu beurteilende. Wer nur moralisch sieht, betrachtet diese Äußerungen leicht als Verstoß gegen die Kollegialität und Brüderlichkeit; wer sie religiös sieht, kann die einzigartige Bindung dieses Apostels an seinen Herrn in

Rechnung stellen. Die religiöse Eindeutigkeit hat hier wie auch sonst Vorrang vor der moralischen Zweifelhaftigkeit.

Irritation durch Ausbleiben der Parusie?

Für die ältere liberale Forschung war die Naherwartung zentral im frühen Christentum. Jesus würde nach seinem Tod und seiner Auferstehung alsbald wiederkehren, und je länger die Wiederkunft Jesu (Parusie) ausblieb, um so mehr mußte man nach Ersatzvorstellungen suchen, wozu dann Amt, Tradition und Sakramente gehört hätten. Albert Schweitzer hat in seinem Buch über die «Christusmystik des Apostels Paulus» (1923) diese Versuche der Deutung auf die Spitze getrieben und das gesamte paulinische Christentum bereits als Antwort auf das mißglückte Unternehmen Jesu angesehen, Gott in Jerusalem zum Offenbarungseid, nämlich zur Herbeiführung des Reiches Gottes, zu zwingen. Die paulinische Antwort sei eine Christusmystik, d. h. eine Art präsentischer Eschatologie («Das Ende ist schon gekommen»), die in der unsichtbaren (mystischen) Verbindung der Gläubigen mit Jesus bestehe. Die Mystik des Paulus sei daher bereits eine Antwort auf das Scheitern der Reich-Gottes-Botschaft Jesu und damit auf das Scheitern des Christentums. Bezüglich Jesus ist die These Albert Schweitzers deshalb abzulehnen, weil das Kommen des Reiches nicht das Ende der Welt ist. Das Kommen des Reiches geschieht unsichtbar schon in der Gegenwart, wenn Menschen sich der Herrschaft Gottes beugen. Für Paulus hat Schweitzer Voraussetzungen angenommen, die er nicht beweisen kann: Erstens kennt Paulus neben der Verbindung mit Jesus Christus durchaus eine zukünftige Eschatologie, wie gleich darzustellen ist. Sodann spielt die unsichtbare Verbindung mit Christus auf einer anderen Ebene als der jeglicher Enderwartung. Daher ist die sakramentale Verbindung mit Jesus auch kein Lückenbüßer für ein ausgebliebenes Weltgericht, sondern eine umfassende Antwort auf die Frage, wer wie das «Ende» übersteht. Schließlich gilt auch hier, daß das Bild des engen Schlotes, in dem ein Kaminkehrer immer nur auf den Schultern des anderen steht, für das frühe Christentum nicht gelten kann. Das heißt: Es geht kaum um eine folgerichtige logische Entwicklung in eine einzige Richtung. Noch dazu erwähnt Paulus die angeblich strittige Materie gar nicht. Das Christentum ist vielmehr schon in seinen Anfängen vielgestaltig und nicht dogmatische Lösung eines einzigen Problems. Daß die Wiederkunft Christi und damit die Verzögerung der Parusie das einzige Problem gewesen sei, ist eine Unterstellung.

Paulus rechnet durchaus mit der Wiederkunft Christi zu seinen Lebzeiten. In 1 Thess 4,17 sagt er: «Wir, die dann noch am Leben sind, werden gemeinsam mit den auferweckten Toten ...». In 1 Kor 15,52 heißt es: «Die Toten werden als unverwesliche auferweckt werden, und wir (die wir nicht tot sind, werden nur) umgewandelt werden.» Alle aber werden umgewandelt werden. In Röm 13,11 sagt er: «Denn jetzt ist das Heil näher gerückt als damals, da ich gläubig wurde» – ein Satz, der ja auf jeden Fall richtig ist. Nun ist die Optik des Paulus durchaus nachvollziehbar. Denn im Unterschied zu seinen heidnischen Zeitgenossen blickt er auf das Ende und auf Christi Wiederkunft voraus. Und es mag ihm dabei ergehen, wie es einem oft im Gebirge geschieht: Man sieht eine hochaufragende Bergkette vor sich und übersieht oft genug die Täler und Landschaften, die einen davon noch trennen. Entscheidend ist nur, daß Paulus überhaupt etwas sieht. Wenn alles an der Nähe hinge, hätte sich Paulus darüber nicht nur in «Wir-» Sätzen gewissermaßen nebenbei geäußert. Und sollte der 2. Thessalonicherbrief doch von Paulus sein, dann könnte hieran gut deutlich werden, wie Paulus, in die Enge getrieben, auch selbst mehrere Zwischenstadien annehmen kann, die vom Ende noch trennen. Er konnte diese Zwischenstadien ohne Zweifel seinem apokalyptischen Repertoire entnehmen.

Das Kommen des Endes hat sich Paulus wahrscheinlich in folgenden Stufen vorgestellt:

- Die ganze Schöpfung liegt in Wehen (Gegenwart; Röm 8).
- Zwischenstufen bis zum Ende: Aufhalter, Widersacher (2 Thess 2,3–12).
- Der Tag des Herrn kommt wie ein Dieb in der Nacht (1 Thess 5,2).

- Befehl des Erzengels (1 Thess 4,16), Trompetenstöße (1 Thess 4,16; 1 Kor 15,52).
- Christus kommt vom Himmel (1 Thess 4,16).
- Besiegung des Widersachers durch den «Hauch des Mundes Jesu», d.h. durch sein Wort (2 Thess 2,8).
- Besiegung des letzten Feindes, des Todes (1 Kor 15,26).
- Alternativ dazu bzw. ergänzend: Jesus (oder: Gott?) erscheint als Retter auf dem Sion und versöhnt sich mit dem jüdischen Volk (Röm 11,26f). Dies ist die Erfüllung der Bundesverheißungen an Israel.
- Auferweckung der toten Christen (verwandelte Leiblichkeit; 1 Thess 4,16; 1 Kor 15,52).
- Gleichzeitig: Die Lebenden in ihrer Leiblichkeit werden verwandelt (1 Kor 15,51f).
- Sie werden mit den auferweckten Toten gemeinsam entrückt, Christus entgegen (1 Thess 4,17). Dieser Vorgang ist gemeint mit dem «Offenbarwerden der Kinder Gottes» (Röm 8,19).
- Erscheinen vor dem Richterstuhl Jesu Christi (2 Kor 5,10) und eventuell Bestrafung nach Werken (Röm 2,6; 2 Kor 5,10).
- Blamage für die, deren Werke verbrannt werden (1 Kor 3,15).
- Gleichzeitig: Jesus Christus stellt sich schützend vor die Seinen, um Gottes Zorn abzuwehren (1 Thess 1,10).
- Christus wird bei den Christen sein als ihr Herr (1 Thess 4,17).
- Er hat seine Aufgabe vollendet und gibt seinen Auftrag an den Vater zurück (1 Kor 15,28).
- Die ganze Schöpfung bekommt Unsterblichkeit geschenkt (Röm 8,21).
- Gott ist alles in allem, d.h. keine Spur des Todes bleibt zurück (1 Kor 15,30).

Offen bleibt das Geschick aller Nicht-Christen und derer, die Gott «zerstört» (1 Kor 3,17). Relativ offen bleibt daher auch, ob es die Szene eines allgemeinen Weltgerichtes gibt, so wie sie Mt 25,31–46 darstellt, und wie sie in die Kunstgeschichte eingegangen ist. Offen bleibt schließlich, ob das ganze Endgeschehen sich auf der Erde abspielt. Auch im Blick auf Röm 8,21 scheint mir dieses jedoch wahrscheinlich.

Auffällig ist bei Paulus die kosmische Ausweitung. Die traditionelle Gerichtskonzeption tritt bei ihm zurück gegenüber der Verwandlung, mit der am Ende alle Schöpfung Anteil hat an den Kindern Gottes und damit an Gottes Unvergänglichkeit und ewigem Leben selbst. Zu beachten ist, daß die obige Übersicht bei Paulus nicht in einem Kapitel steht, sondern daß sie hier mosaikartig zusammengeflickt wurde. Daher ergeben sich Überschneidungen und Gleichzeitigkeiten.

Auch über den Zwischenzustand, in dem die entschlafenen Christen bis zum Ende sind, macht Paulus Aussagen. Besonders wichtig ist bei dieser Diskussion, daß die Basis für die Zukunft jetzt schon in den Christen angelegt ist, und zwar als «innerer Mensch»: Bis zum Lebensende des Menschen ist dieser innere Mensch wohl so weit herangereift, daß er nur noch mit einem neuen Leib vom Himmel her überkleidet wird (2 Kor 4,16–5,1).

IV. Schluß: Stationen der Wirkung

In der Zeit, die unmittelbar auf Paulus folgt, brechen offensichtlich Konflikte verschärft auf, die Paulus zu regeln versuchte. Dazu gehören besonders Konflikte um «Starke» und «Schwache». Zur Richtung der Starken, d. h. aufgeklärter Christen ohne Anbindung an jüdische Riten, gehören: die Verfasser des Kolosserbriefs, der Pastoralbriefe und des Barnabasbriefs, Ignatius von Antiochien († um 117) sowie, das ist freilich aus den Texten erschlossen, die Gegner in der Offenbarung des Johannes und des 2. Petrusbriefs und vielleicht die Gegner des Judasbriefs. – Zu den sogenannten Schwachen, d. h. zu Christen, die die judenchristlichen Positionen fortschreiben, gehören die Verfasser der Offenbarung des Johannes, die Gegner des Kolosserbriefs, die Verfasser des 2. Petrus- und des Judasbriefs. Manche vermuten auch, die Pseudo-Clementinen stünden noch in der Wirkungsgeschichte antipaulinischer Judenchristen.

Im ganzen läßt sich daher feststellen, daß der jüdisch-rituelle Gesichtspunkt weitgehend abgedrängt wurde. Das bedeutete nicht nur Entfremdung vom Judentum, sondern auch ein kultpraktisches Vakuum und damit eine Möglichkeit des Eindringens paganer Religiosität. Es bedeutete auch die Verdrängung von Religion überhaupt und die Vorbereitung auf das Überwiegen von Ethik oder Kirchenrecht sowie das Verschwinden apokalyptischer Eschatologie. In den Pastoralbriefen beginnt statt dessen der Epiphaniebegriff eine Karriere.

Eine antijüdische Rezeption des Paulus leistet sich zu Beginn des 2. Jahrhunderts Markion (Rom), der dem «guten Gott» der neuen Offenbarung nur Paulus und ein vom Alten Testament gereinigtes Lukas-Evangelium zuteilen will. Man hat lange daran gedacht, der jetzt bestehende Kanon des Neuen Testaments sei die Reaktion der Kirche auf diese gewaltsame Reduzierung. Im Sinne des Paulus wäre es keineswegs, für die Erschaffung der Welt und den Alten Bund einen bösartigen Gott anzunehmen, während Jesus dann nur vom «guten Gott» geredet hätte.

Für die Wirkungsgeschichte des Paulus in der Alten Kirche sind unter den Texten von Nag Hammadi besonders wichtig: der Brief an Rheginus (um 130, übersetzt bei Berger/Nord) und der Traktat «Interpretation der Gnosis» (übersetzt bei Berger/Nord). Im Brief an Rheginus wird die paulinische Auferstehungslehre getreulich kommentiert, im Traktat «Interpretation der Gnosis» die Auffassung von der Gemeinde als Christi Leib. Im 2. Jahrhundert überwiegt daher die Rezeption «korinthischer Theologie» des Apostels vor der des Römer- und des Galaterbriefs. Das rührt auch daher, daß die Auseinandersetzung mit dem Judentum keine große Rolle mehr spielt. Anders ist das beim Kirchenlehrer Justin, dem Philosophen und Märtyrer (gest. um 160). Doch bemerkenswert und ungeklärt ist die Tatsache, daß Justin Paulus niemals zitiert, obwohl er hin und wieder Sätze bietet, die Anspielungen sein könnten.

Von den patristischen Rezeptionen des Apostels Paulus wurde die des Kirchenvaters Aurelius Augustinus († 430) die bedeutendste und wirksamste. Augustinus interpretierte Paulus weiter in Richtung auf Gnadenlehre, Erbsünde und Prädestination. Im frühen Mittelalter wird Paulus mit Augustinus besonders rezipiert bei Wilhelm v. St. Thierry (Römerbrief!) und Bernhard von Clairvaux (Gnadenlehre).

Martin Luther gehörte zum Orden der Augustiner-Eremiten,

einem sehr strengen Bettelorden mit dualistischen Zügen, der sich von Augustinus herleitet. So kam Luther an die augustinische Paulusrezeption. In der Reformationsgeschichte stand Paulus deshalb im Mittelpunkt der theologischen Diskussion, weil man in der paulinischen Antithese von Glauben einerseits und Werken des Gesetzes andererseits das praktisch-theologische und frömmigkeitsgeschichtliche Problem wiederfand, welche Bedeutung fromme, gute Werke für die Seligkeit des Menschen haben. Man aktualisierte daher die paulinische Fragestellung und sah von ihrer historischen Verankerung in der Auseinandersetzung von Christentum und Judentum ab. Die calvinistisch geprägte Reformation neigte dazu, Gott die Alleinwirksamkeit im Heil des Menschen überhaupt zuzuschreiben und berief sich besonders auf die harten Aussagen in Röm 9. Die lutherische Reformation betonte die Bedeutung des gläubigen Vertrauens und rief damit ein wichtiges Potential zur Korrektur der damaligen leistungsbetonten Frömmigkeit in Erinnerung.

Im 19. Jahrhundert und in der Zeit der liberalen Theologie orientierte man sich besonders am Kontrast zwischen Jesus und Paulus, den man häufig zugunsten Jesu löste. In der sogenannten religionsgeschichtlichen Schule hob man die Einflüsse heidnischer Religionen (Mysterienkulte; Magie; Mystik, Herrscherkult) auf Paulus hervor und vergaß völlig seinen jüdischen Hintergrund. Diesen hebt die neuere Forschung hervor, und auch die jüdische Forschung beginnt, Paulus als Juden wiederzuentdecken.

Die Bedeutung des Apostels Paulus und seiner Briefe für die Gegenwart könnte in folgenden Punkten – bei denen jeweils ein eingängig-modernes und ein gegenläufig-»queres« Element genannt wird – bestehen:

- Paulus ist wie kein zweiter Anwalt einer globalen, auch den Kosmos einbeziehenden Theologie, – und zugleich hält er am unumstößlchen Vorrang Israels fest.
- Paulus vertritt eine Gnadentheologie, nach der Gott den Menschen überreich beschenkt, – und zugleich fordert dieser Gott den Gehorsam des Glaubens, eine untrennbare Einheit von Glauben und Werk.

- Für Paulus haben Tod und Auferstehung Jesu zentrale Bedeutung für das Heil aller Menschen. Und doch besteht ein ausgewogenes Gleichgewicht zur Bedeutung des Heiligen Geistes.
- Paulus beschreibt in seiner Geschichtstheologie die Zuwendung der Barmherzigkeit Gottes als Ziel aller Geschichte. Und gleichzeitig nimmt er für die Zeit bis zur Wiederkunft Christi eine Verstockung des nicht-christlichen Israel an, in der Gott diese «Gefäße des Zornes» nur erträgt, aber im übrigen «über die Köpfe der Israeliten hinweg» handelt.
- Gott wird eine siegreiche, durch nichts zerstörbare Liebe zugeschrieben. Und zugleich gibt es nach Röm 9f eine dunkle Kooperation Gottes mit Sünde und Verstockung.
- Die Christen sind frei von Beschneidung und Ritualgesetz, ja von jeder Gängelung des Lebens durch das Gesetz. Und andererseits ist das ganze Leben der Christen als einziger Gottesdienst aufzufassen und kann Paulus sagen, die Liebe Christi «treibt mich».
- Es gibt kein Heil außerhalb Jesu Christi. Und den Heiligen Geist hat Gott nirgends sonst als aufgrund der Taufe in die Herzen der Menschen gelegt. Und doch hört Gott das Stöhnen aller Kreatur.
- Paulus geht den Weg radikaler Christusnachfolge ohne irgendeine Schonung seiner selbst. Wenn es irgendwo fromme Leistung gibt, dann in seinem Leben. Und zugleich predigt keiner so Gottes Gnade wie er. Phil 2,12f bringt es auf den Punkt: «Ich fordere euch daher auf: Wagt euch mit Furcht und Zittern auf den Weg zu eurem Heil bei Gott. Denn ihr habt es mit Gott zu tun. Er allein kann, wie er will, euch die Kraft geben zum Wollen und zum Tun.» Offenbar schließen sich begeisterte Freude am Wirken für das Evangelium und Gottes Gnade gerade nicht aus, sondern sie steigern sich gegenseitig.

Weiterführende Literatur

Berger, Klaus: Theologiegeschichte des Urchristentums, 2. Auflage Tübingen 1995.

Becker, Jürgen: Paulus. Der Apostel der Völker, 2. Auflage Tübingen 1992.

Betz, Hans Dieter: Galatians. A commentary on Paul's letter to the Churches in Galatia, 2. Auflage Philadelphia 1984.

Bornkamm, Günther: Paulus, 7. Auflage 1993.

Haacker, Klaus: Der Brief des Paulus an die Römer, Leipzig 1999.

Hengel, Martin/Ulrich Heckel (Hg.): Paulus und das antike Judentum, Tübingen 1991.

Hübner, Hans.: Biblische Theologie des Neuen Testaments II: Die Theologie des Paulus, Göttingen 1993.

Kertelge, Karl: Grundthemen paulinischer Theologie, Freiburg i. Br. 1991.

Lohse, Eduard: Paulus. Eine Biographie, München 1996.

Osten-Sacken, Peter von der: Evangelium und Tora. Aufsätze zu Paulus, München 1987.

Sanders, E. P.: Paulus und das palästinische Judentum. Ein Vergleich zweier Religionsstrukturen, Göttingen 1985.

Schlier, Heinrich: Grundzüge einer Paulinischen Theologie, 2. Auflage Freiburg i. Br. 1979.

Schrage, Wolfgang: Der Erste Brief an die Korinther (EKK 7,1–2), Neukirchen 1991–1995.

Stuhlmacher, Peter: Biblische Theologie des Neuen Testaments I: Grundlegung. Von Jesus zu Paulus, Göttingen 1992.

Wilckens, Ulrich: Der Brief an die Römer (EKK VI,1–3), Neukirchen 1978–1982.

Zeller, Dieter: Der Brief an die Römer, Regensburg 1985.